もく 年

…図書版
上 かがやき　下 はばたき

教科書ぴったりトレーニング

巻末《かんまつ》	学力しんだんテスト	とりはずしてお使いください
別冊《べっさつ》	丸つけラクラクかいとう	

月　日

ぴったり1 じゅんび

白いぼうし

教科書 上21～34ページ

新しく学習する漢字

信　達　飛　席　建　菜　標　例

教科書上22ページ

信

シン

ななめに　とめる

1〜9

信　にんべん

9画《かく》

使い方

先生《せんせい》から学級通信《がっきゅうつうしん》をもらう。
友達《ともだち》を信用《しんよう》する。
不思議《ふしぎ》な話《はなし》を信《しん》じる。

漢字の覚《おぼ》え方

人（亻）の言うことを信《しん》じる。

教科書上23ページ

達

タツ

横画は三本　一画で書く

1〜12

達　しんにょう（しんにゅう）

12画

使い方

郵便物《ゆうびんぶつ》を配達《はいたつ》する。
空手《からて》の達人《たつじん》といわれる。
絵《え》が上達《じょうたつ》する。

字の形に注意

達
「幸」ではないよ！

教科書上24ページ

飛

ヒ
とぶ
とばす

向きに注意　はねる　はらう

1〜9

飛　とぶ

9画

使い方

飛行機《ひこうき》に乗《の》る。
鳥《とり》が空《そら》を飛《と》ぶ。
車《くるま》がどろ水《みず》を飛《と》ばす。

部首《しゅ》

「飛」は、漢字全体が部首「とぶ」だよ。

「とぶ」だよ！
飛

教科書上26ページ

席

セキ

四画で書く　はねる　とめる

1〜10

席　はば

10画

使い方

かぜで学校《がっこう》を欠席《けっせき》する。
指定席《していせき》にすわる。
着席《ちゃくせき》して先生《せんせい》を待《ま》つ。

反対の意味の言葉

起立《りつ》
着席《ちゃくせき》

教科書上26ページ

建

ケン
たてる
たつ
◆コン

出す　はらう

1〜9

建　えんにょう

9画

使い方

高層《こうそう》ビルを建設《けんせつ》する。
大《おお》きな家《いえ》を建《た》てる。
空《あ》き地《ち》に小屋《こや》が建《た》つ。

筆順《じゅん》

建
7・8画目に注意しよう。

月　日

教科書上27ページ

菜

サイ
な

向きに注意　とめる　はらう

使い方

色《いろ》とりどりの野菜《やさい》がならぶ。
家庭菜園《かていさいえん》でトマトを作《つく》る。
菜《な》の花畑《はなばたけ》を見《み》に行《い》く。

1 2 3 4 5 6 7 8 9 10 11

菜　くさかんむり

11画《かく》

いろいろな読み方

菜《な》の花《はな》は野菜《やさい》としても食べられます。

教科書上32ページ

標

ヒョウ

「西」にしない　長く　とめる　とめる　はねる

使い方

父《ちち》はぼくが目標《もくひょう》とする人《ひと》だ。
通学路《つうがくろ》に交通標識《こうつうひょうしき》がある。
チョウの標本《ひょうほん》を見《み》る。

1 2 3 4 5 6 7 8 9 10 11 12 13 14 15

標　きへん

15画

字の形に注意

標

教科書上33ページ

例

レイ
たとえる

とめる　はねる

使い方

前例《ぜんれい》のない事件《じけん》が起《お》こる。
算数《さんすう》の例題《れいだい》をとく。
例《たと》えば母《はは》のようになりたい。

1 2 3 4 5 6 7 8

例　にんべん

8画

形のにた漢字

例《れい》を見せる。

整列

とくべつな読み方をする言葉

言葉	使い方
友達《ともだち》	日曜日《にちようび》に友達《ともだち》と遊《あそ》ぶ。

漢字クイズ1

答え15ページ

☆文をよく見ると、まちがっている漢字があります。その漢字を見つけ、正しい漢字を書きましょう。

① 駅前に高いビルが健っている。

□→□

② たんぽぽのわた毛が、遠くまで飛んでいく。

□→□

白いぼうし

教科書 上21～34ページ
答え 2ページ

月　　日

1 ――線の漢字の読みがなを書きましょう。

① ハクチョウが飛来する。（　　）

② 文明《めい》が発達する。（　　）

③ 虫の標本を集める。（　　）

④ 友達と遊ぶ。（　　）

⑤ 気持ちを色に例える。（　　）

⑥ 今日の目標を書く。（　　）

⑦ 空に風船を飛ばす。（　　）

⑧ 例をあげて説《せつ》明する。（　　）

2 □に漢字を書きましょう。

① □□《れいだい》を参《さん》考にする。

② □《な》の花が風にゆれる。

③ □□《しんごう》が赤になる。

④ 会長が□□《ちゃくせき》する。

⑤ 庭の□□《さいえん》でたねまきをする。

⑥ □□《けんこく》の日を祝《いわ》う。

⑦ メールを□□《へんしん》する。

⑧ 洋風の□□《たてもの》に入る。

⑨ □□□《うんてんせき》にすわる。

⑩ スーパーで□□《やさい》を買う。

⑪ 新しいビルが□《た》つ。

⑫ □《たと》えば、足し算をしてみよう。

⑬ 道に□《と》び出してはいけません。

⑭ 手紙を□□《そくたつ》で出す。

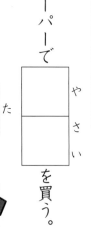

月　日

図書館の達人になろう

教科書 上35〜37ページ

新しく学習する漢字

法　類　機　械　司　典　順　録

教科書上36ページ

法

ホウ
◆ハッ
◆ホッ

下を長く　向きに注意　とめる

使い方
学校《がっこう》で法律《ほうりつ》を学《まな》ぶ。
良《よ》い方法《ほうほう》を考《かんが》える。
新《あたら》しい手法《しゅほう》で作《つく》られる。

使い方
法事《ほうじ》での作法《さほう》を教えてもらう。

部首：氵 さんずい　8画《かく》

教科書上36ページ

類

ルイ
たぐい

とめる　とめる

使い方
いくつかの種類《しゅるい》に分《わ》ける。
たくさんの書類《しょるい》をかたづける。
かれは類《たぐ》いまれな天才《てんさい》だ。

部首《しゅ》

「米」・「大」ではないので、気をつけよう。

類

頁 おおがい　18画

教科書上36ページ

機

キ
◆はた

わすれない　出さない　はねる　わすれない

使い方
大《おお》きな機械《きかい》を動《うご》かす。
計算機《けいさんき》を使《つか》う。
話《はな》し合《あ》いの機会《きかい》を作《つく》る。

使い方
機長《きちょう》と話す機会《きかい》を得《え》る。

木 きへん　16画

教科書上36ページ

械

カイ

わすれない　はねる　はらう　とめる

使い方
大型《おおがた》の機械《きかい》がある工場《こうじょう》。
器械体操《きかいたいそう》を習《なら》う。
機械化《きかいか》が進《すす》む。

字の形に注意

械

わすれないでね！

木 きへん　11画

教科書上36ページ

司

シ

わすれない　はねる

使い方
テレビ番組《ばんぐみ》の司会者《しかいしゃ》。
上司《じょうし》に報告《ほうこく》する。
すもうの行司《ぎょうじ》をする。

形のにた漢字

司会《しかい》

同点

口 くち　5画

月　日

教科書上 36ページ

典

テン

出す　長く　とめる　はらう

使い方

学校《がっこう》の式典《しきてん》に参加《さんか》する。
母《はは》に百科事典《ひゃっかじてん》を買《か》ってもらう。
かぜの典型的《てんけいてき》なしょうじょう。

1 2 3 4 5 6 7 8

8画《かく》　典《は》

言葉の使い分け

「辞典《じてん》・事典《じてん》・字典《じてん》」の使い分けを覚《おぼ》えよう。

教科書上 36ページ

順

ジュン

はらう　とめる　とめる

使い方

背《せ》の低《ひく》い順《じゅん》にならぶ。
宿題《しゅくだい》が順調《じゅんちょう》に進《すす》む。
正《ただ》しい筆順《ひつじゅん》で書《か》く。

1 2 3 4 5 6 7 8 9 10 11 12

12画　頁《おおがい》

使い方

手順《てじゅん》を守って、作業を順調《じゅんちょう》に進める。

教科書上 37ページ

録

ロク

「水」にしない

使い方

付録《ふろく》がついた本《ほん》。
水泳《すいえい》の記録会《きろくかい》に参加《さんか》する。
録画《ろくが》したドラマを見《み》る。

1 2 3 4 5 6 7 8 9 10 11 12 13 14 15 16

16画　金《かねへん》

形のにた漢字

録画《ろくが》
緑地

読み方が新しい漢字

漢字	読み方	使い方	前に出た読み方
記	しるす	日記《にっき》を記《しる》す	日記《にっき》

漢字クイズ2

答え15ページ

☆計算すると、どんな漢字ができますか。漢字を書いて答えましょう。

① 米＋頁＋大＝□

② 水＋ヨ＋釒＝□

月　日

ぴったり2 練習

図書館の達人になろう

教科書 上35〜37ページ
答え 2ページ

1 ――線の漢字の読みがなを書きましょう。

① 人類の進化を学ぶ。（　　）
② 学校の式典に出る。（　　）
③ 会社の上司と話す。（　　）
④ ノートに名前を記す。（　　）
⑤ 父の百科事典をもらう。（　　）
⑥ 朝の会の司会をする。（　　）
⑦ 兄は類いまれな天才だ。（　　）
⑧ 感想をメモ帳に記した。（　　）

2 □に漢字を書きましょう。

① 新しい□□《ほうほう》を考える。
② 先生に□□《しょるい》を出す。
③ □□□《けいさんき》を使う。
④ 器《き》□《かい》体操《そう》を習う。
⑤ 来た人から□《じゅん》にならぶ。
⑥ ビデオに□□《ろくが》する。
⑦ 薬の□□《ようほう》を守る。

⑧ 本を□□《ぶんるい》する。
⑨ せっかくの□□《きかい》をのがす。
⑩ き□《かい》を工場で組み立てる。
⑪ 走る□□《じゅんばん》を決める。
⑫ 天気を□□《きろく》する。
⑬ お化けの□《たぐ》いは苦手だ。
⑭ □□□□《ごじゅうおんじゅん》にする。

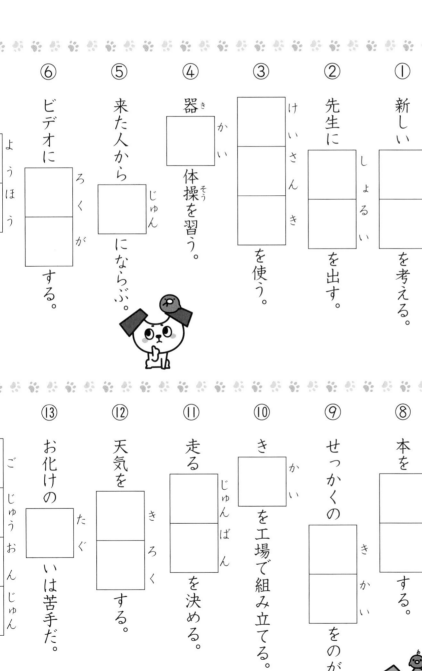

月　日

ぴったり1 じゅんび

漢字辞典を使おう
春の楽しみ

教科書 上38～43ページ

新しく学習する漢字

辞　成　訓　印　静　愛　昨　城　初　景　群

教科書 上 38ページ

辞

ジ

◆やめる

つける　長く

使い方

言葉《ことば》の意味《いみ》を辞書《じしょ》で調《しら》べる。
入学式《にゅうがくしき》で祝辞《しゅくじ》を述《の》べる。
お世辞《せじ》でもうれしい。

部首

辞

辛　からい

13画

教科書 上 38ページ

成

セイ
なる
なす
◆ジョウ

わすれない　はねる

使い方

作品《さくひん》が完成《かんせい》する。
犬《いぬ》が成長《せいちょう》して大《おお》きくなる。
漢字《かんじ》の成《な》り立《た》ちを調《しら》べる。

言葉の使い分け

成長《せいちょう》ー人間や動物に使う。
生長ー植物に使う。

戈　ほこづくり　ほこがまえ

6画

教科書 上 38ページ

訓

クン

長く　はらう　とめる

使い方

漢字《かんじ》の訓読《くんよ》みを調《しら》べる。
ひなん訓練《くんれん》を行《おこな》う。
父《ちち》からの教訓《きょうくん》を守《まも》る。

用語の意味

音読みーヒ
訓読《くんよ》みーとぶ

飛

訁　ごんべん

10画

教科書 上 39ページ

印

イン
しるし

とめる　はねる

使い方

プリントを印刷《いんさつ》する。
よい印象《いんしょう》をもつ。
大切《たいせつ》な所《ところ》に印《しるし》をつける。

筆順

印　5　6

卩　わりふ　ふしづくり

6画

教科書 上 41ページ

静

セイ
しず
しずか
しずまる
しずめる
◆ジョウ

「マ」にしない　つき出す　はねる　とめる

使い方

安静《あんせい》にして体《からだ》を休《やす》める。
あらしの前《まえ》の静《しず》けさ。
静《しず》かな場所《ばしょ》でねむる。

反対の意味の漢字

静《せい》
動

青　あお

14画

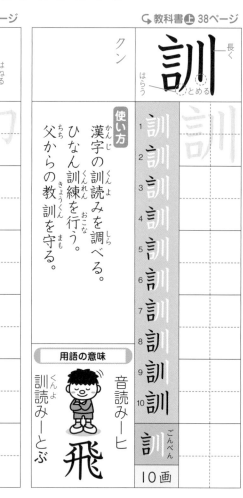

教科書上41ページ

愛

アイ

（向きに注意　はねる　はらう）

使い方

家族《かぞく》に愛情《あいじょう》を注《そそ》ぐ。
愛着《あいちゃく》のある道具《どうぐ》を使《つか》う。
愛用《あいよう》の筆箱《ふでばこ》をなくす。

部首

「愛」の部首は、「こころ」だよ。

愛　こころ　13画

教科書上41ページ

昨

サク

（つくりより小さく　つける　とめる）

使い方

昨日《さくじつ》のことを日記《にっき》に記《しる》す。
昨年《さくねん》は豊作《ほうさく》だった。
昨夜《さくや》ははげしい雨《あめ》がふった。

形のにた漢字

昨日《さくじつ》
作文

昨　ひへん　9画

教科書上41ページ

城

ジョウ
しろ

（わすれない　上へはねる　はねる）

使い方

城下町《じょうかまち》を歩《ある》く。
城内《じょうない》を見学《けんがく》する。
城《しろ》あとに公園《こうえん》を造《つく》る。

漢字の覚《おぼ》え方

土で成った城《しろ》。

城　つちへん　9画

教科書上41ページ

初

ショ
はじめ
はじめて
はつ
◆うい
◆そめる

（つけない　わすれない　はねる）

使い方

初心者《しょしんしゃ》でもすぐできる作業《さぎょう》。
初《はじ》めからやり直《なお》す。
初日《はつひ》の出《で》をおがむ。

反対の意味の言葉

最初《さいしょ》
最後

初　かたな　7画

教科書上41ページ

景

ケイ

（わすれない　とめる　はねる）

使い方

くじ引《び》きの景品《けいひん》をもらう。
美《うつく》しい風景《ふうけい》が広《ひろ》がる。
きれいな夜景《やけい》を見《み》る。

言葉の意味

景勝《けいしょう》―景色《けしき》がよいこと。

景　ひ　12画

教科書上41ページ

群

グン
むれる
むれ
むら

（つき出す　つき出さない）

使い方

群馬県内《ぐんまけんない》を流《なが》れる利根川《とねがわ》。
鳥《とり》の群《む》れをながめる。
かぶと虫《むし》が木《き》に群《むら》がる。

部首

群

「群」の部首は、「ひつじ」だよ。

群　ひつじ　13画

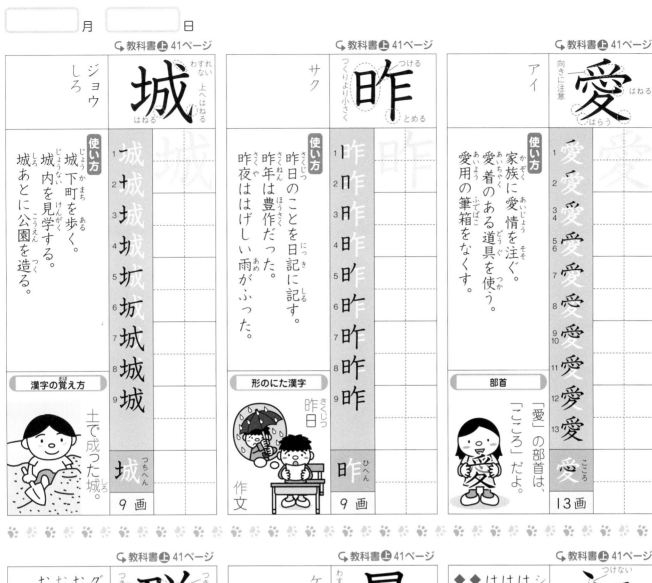

月　　日

読み方が新しい漢字

漢字	読み方	使い方	前に出た読み方
画	カク	漢字《かんじ》の画数《かくすう》	画用紙《がようし》
首	シュ	部首《ぶしゅ》を調《しら》べる	首《くび》
西	サイ	町《まち》の東西《とうざい》	西日《にしび》
南	ナン	南東《なんとう》の方角《ほうがく》	南《みなみ》
北	ホク	北東《ほくとう》に進《すす》む	北《きた》
社	やしろ	りっぱなお社《やしろ》	会社《かいしゃ》
本	もと	本《もと》を正《ただ》す	本《ほん》
青	セイ	青年《せいねん》に会《あ》う	青《あお》・青《あお》い
夏	カ	初夏《しょか》になる	夏《なつ》
絵	カイ	絵画《かいが》を買《か》う	絵本《えほん》
立	リツ	県立《けんりつ》の図書館《としょかん》	立《た》つ 立《た》てる
春	シュン	立春《りっしゅん》が近《ちか》い	春《はる》

「成」は、最後の「丶」を書きわすれないようにしましょう。

月　日

ぴったり2 練習

漢字辞典を使おう
春の楽しみ

教科書 上38～43ページ
答え 2ページ

1 ――線の漢字の読みがなを書きましょう。

① 漢字の__画数__を数える。（　　）
② 漢字の__部首__を調べる。（　　）
③ 川が__東西__に流れる。（　　）
④ 鳥が__南下__する。（　　）
⑤ 道の先にお__社__が見える。（　　）
⑥ 物事の__本__を正す。（　　）
⑦ さわやかな__青年__に出会う。（　　）
⑧ 書店で国語__辞典__を買う。（　　）

2 □に漢字を書きましょう。

① 漢字の□□《おんくん》を調べる。
② 大切な部分に□《しるし》をつける。
③ 読書の時間は□《しず》かにする。
④ わたしの□□□《あいどくしょ》。
⑤ □□《さくや》から雨がふっている。
⑥ お□《しろ》の中を見学する。
⑦ 夏休みの□□《しょにち》に遊ぶ。
⑧ 山の□□《ふうけい》を楽しむ。
⑨ 鳥の□《む》れを見かける。
⑩ 子どもが□□《せいちょう》する。
⑪ □《はじ》めてコーヒーを飲む。
⑫ 作家として名を□《な》す。
⑬ □□《きりつ》してから話す。
⑭ 町の□□《ほくぶ》には森がある。

月　日

ぴったり2 練習

漢字辞典を使おう　春の楽しみ

教科書 上38～43ページ
答え 2ページ

1 ――線の漢字の読みがなを書きましょう。

①（　　）東北地方に出かける。

②（　　）あじさいは初夏に花をさかせる。

③（　　）絵画をながめて楽しむ。

④（　　）県立の大学が近くにある。

⑤（　　）春分の日に出かける。

⑥（　　）初日の出をおがむ。

⑦（　　）成り立ちについて発表する。

⑧（　　）花にアリが群がる。

2 □に漢字を書きましょう。

① □□□《じょうかまち》を歩く。

② クラスの中で□《ぐん》をぬいている。

③ □□《さくねん》の日記を読む。

④ □□《やじるし》の方に進む。

⑤ 日本の□□《しゅと》は、東京だ。

⑥ 熱《ねつ》があるので□□《あんせい》にする。

⑦ ひなん□□《くんれん》をする。

⑧ 漢字□□《じてん》で調べる。

⑨ ピアノを□《はじ》めてひく。

⑩ □□《あいよう》していたペン。

⑪ 漢字の□《くん》読みを書く。

⑫ くじの□□《けいひん》をもらう。

⑬ □□《とうなん》アジアの国。

⑭ 教室がしんと□《しず》まる。

聞き取りメモのくふう

教科書 上44～47ページ

新しく学習する漢字

必　要　的

教科書上 45ページ

必

ヒツ
かならず

（向きに注意／はねる／はらう）

使い方
遠足《えんそく》に必要《ひつよう》な物《もの》を買《か》う。
ゴールを目指《めざ》して必死《ひっし》に走《はし》る。
帰《かえ》ったら必《かなら》ず電話《でんわ》をください。

筆順
必（1～5）

しっかりおぼえよう！

部首：心（こころ）
5画

教科書上 45ページ

要

ヨウ
かなめ
◆いる

（「西」にしない／長く／とめる／はらう）

使い方
要求《ようきゅう》にこたえる。
重要《じゅうよう》な問題《もんだい》を話《はな》し合《あ》う。
かれはチームの要《かなめ》だ。

部首

「女」ではないので気をつけよう。

要

部首：覀（おおいかんむり）
9画

教科書上 45ページ

的

テキ
まと

（「丶」にしない／はねる）

使い方
予想《よそう》が的中《てきちゅう》する。
積極的《せっきょくてき》に行動《こうどう》する。
弓《ゆみ》で的《まと》をねらう。

字の形に注意

「冫」にしないように注意しよう。

的

部首：白（しろ）
8画

読み方が新しい漢字

漢字	読み方	使い方	前に出た読み方
用	もちいる	実《じっ》けんに用《もち》いる	画用紙《がようし》

「必」の筆順はまちがえやすいので、しっかりおぼえましょう。

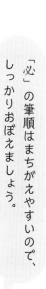

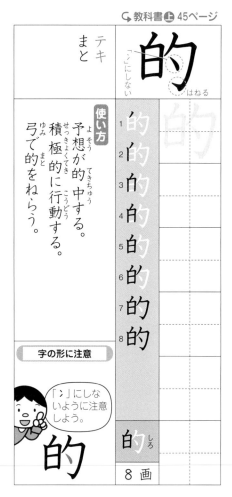

月　　日

ぴったり1 じゅんび

カンジーはかせの都道府県の旅1

教科書 上50～51ページ

新しく学習する漢字

府　茨　栃　埼　奈　潟　富　井　梨　量　岐　阜　岡

教科書上50ページ

府　フ

（つける／とめる／はねる）

使い方
政府《せいふ》の方針《ほうしん》を支持《しじ》する。
都道府県名《とどうふけんめい》を覚《おぼ》える。
京都府《きょうとふ》には多《おお》くの寺《てら》がある。

部首
「府」の部首は、「まだれ」だよ。

广（まだれ）　8画

教科書上51ページ

茨　いばら

（「シ」にしない／はらう）

使い方
茨城県《いばらきけん》はメロンの産地《さんち》。
太平洋《たいへいよう》に面《めん》している茨城県《いばらきけん》。
けわしい茨《いばら》の道《みち》を進《すす》む。

部首
「茨」の部首は「くさかんむり」だよ。

艹（くさかんむり）　9画

教科書上51ページ

栃　とち

（とめる／はねる）

使い方
栃木県《とちぎけん》ではイチゴが生産《せいさん》される。
栃木県内《とちぎけんない》の山《やま》を歩《ある》く。
栃《とち》の実《み》を拾《ひろ》う。

漢字のひみつ
「万」という字がかくれているよ。

木（きへん）　9画

教科書上51ページ

埼　さい

（はねる）

使い方
埼玉県《さいたまけん》は人形作《にんぎょうづく》りで有名《ゆうめい》だ。
埼玉県内《さいたまけんない》で茶《ちゃ》つみを見学《けんがく》した。
兄《あに》は埼玉《さいたま》の大学《だいがく》に通学《つうがく》している。

部首
「埼」の部首は、「つちへん」だよ。

土（つちへん）　11画

教科書上51ページ

奈　ナ

（とめる／はらう／下を長く書く／はねる）

使い方
神奈川県《かながわけん》の大《おお》きな港《みなと》。
友達《ともだち》が神奈川県《かながわけん》に引《ひ》っこした。
奈良《なら》のシカを見《み》に行《い》く。

漢字のひみつ
「大」という字が見えているよ。

大（だい）　8画

月　日

教科書上51ページ

潟

かた

向きに注意　あける　はねる

使い方

新潟県《にいがたけん》は日本《にほん》の米《こめ》どころだ。

新潟《にいがた》で大雪《おおゆき》がふる。

砂《すな》やどろで形成《けいせい》された干潟《ひがた》。

字の形に注意

潟

「白」じゃないよ。間を空けてね。

氵 さんずい

15画

教科書上51ページ

富

フ
とむ
とみ
◆フウ

たてる　わすれない

使い方

バスで富山《とやま》駅前《えきまえ》まで出《で》かける。

しんきろうで有名《ゆうめい》な富山《とやま》の海《うみ》。

母《はは》の実家《じっか》の富山県《とやまけん》へ行《い》く。

字の形に注意

富

4画目をわすれないでね。

宀 うかんむり

12画

教科書上51ページ

井

い
◆セイ
◆ショウ

下を長く　とめる

使い方

福井県《ふくいけん》のきょうりゅうの化石《かせき》。

父《ちち》の眼鏡《めがね》は福井《ふくい》で作《つく》られた。

井戸《いど》をほる。

部首

「井」の部首は、「に」だよ。

井

二 に

4画

教科書上51ページ

梨

なし

とめる　はねる　はらう　とめる

使い方

山梨県《やまなしけん》はぶどうの産地《さんち》。

多《おお》くの山《やま》を有《ゆう》する山梨県《やまなしけん》。

梨《なし》には多《おお》くの品種《ひんしゅ》がある。

部首

「梨」の部首は、「き」だよ。

梨

木 き

11画

教科書上51 ページ

量

リョウ
はかる

長く　長く

使い方

マイクの音量《おんりょう》を上《あ》げる。

少量《しょうりょう》の塩《しお》を入《い》れる。

水《みず》の重《おも》さを量《はか》る。

漢字の使い分け

量《はか》る—重さをはかること。

計《はか》る—時間をはかること。

里 さと

12画

教科書上51ページ

岐

◆キ

はらう

使い方

岐阜県《ぎふけん》でう飼《か》いを見学《けんがく》した。

岐阜《ぎふ》の白川郷《しらかわごう》は美《うつく》しい。

長良川《ながらがわ》は岐阜県内《ぎふけんない》を流《なが》れている。

部首

「岐」の部首は、「やまへん」だよ。

岐

山 やまへん

7画

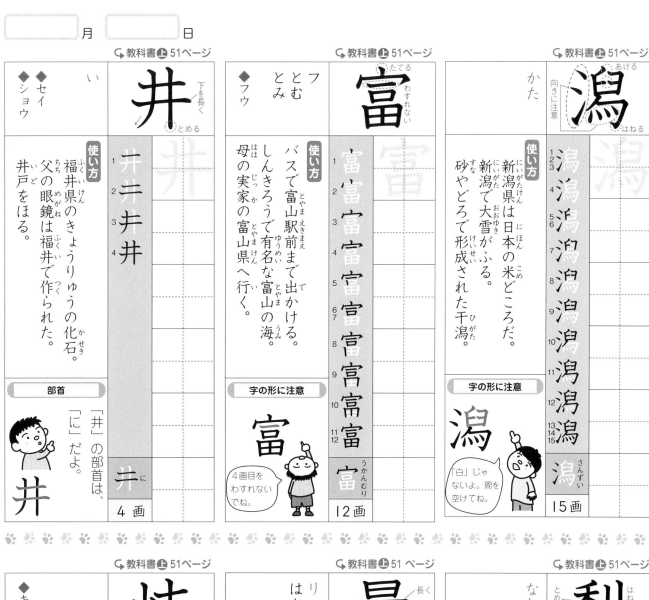

月　日

教科書㊤51ページ

阜

つけない
長く

フ

使い方
岐阜《ぎふ》の信長《のぶなが》まつりに出かける。
美濃焼《みのやき》の産地《さんち》は岐阜県《ぎふけん》である。
岐阜《ぎふ》の金華山《きんかざん》を望《のぞ》む。

字の形に注意

「自」じゃないよ。気をつけてね。
阜

阜《おか》　8画

教科書㊤51ページ

岡

向きに注意
はねる

おか

使い方
静岡県《しずおかけん》のお茶《ちゃ》は有名《ゆうめい》だ。
おみやげに岡山県《おかやまけん》のももを買《か》う。
九州《きゅうしゅう》地方《ちほう》の福岡県《ふくおかけん》に出《で》かける。

筆順

ここから始まるよ。
岡

山《やま》　8画

読み方が新しい漢字

漢字	読み方	使い方	前に出た読み方
形	かた（がた）	山形《やまがた》の名物《めいぶつ》	形《かたち》・四角形《しかくけい》 人形《にんぎょう》
馬	ま	群馬《ぐんま》の温《おん》せん	けい馬《ば》 馬《うま》

とくべつな読み方をする言葉

口	コウ	人口《じんこう》がふえる	口《くち》
新	にい	新潟《にいがた》の米《こめ》	新《あたら》しい 新聞《しんぶん》・新《あら》た

言葉	使い方
宮城《みやぎ》	宮城県《みやぎけん》へ旅《たび》に出《で》る
七夕《たなばた》	七夕《たなばた》の短《たん》ざく
茨城《いばらき》	茨城県《いばらきけん》はクリの産地《さんち》
神奈川《かながわ》	神奈川《かながわ》の大《おお》きな船《ふね》
富山《とやま》	富山《とやま》のチューリップ
岐阜《ぎふ》	岐阜《ぎふ》には海《うみ》がない

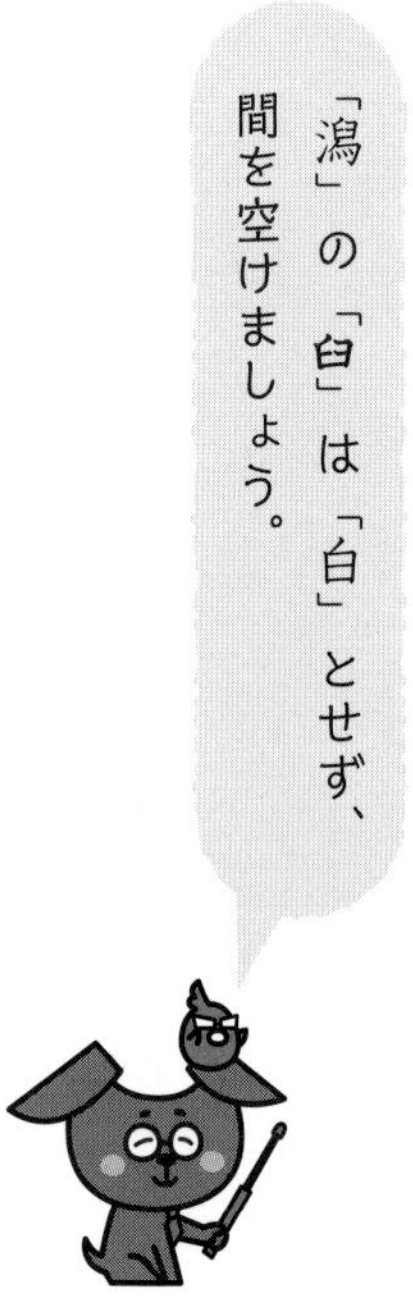

「潟」の「臼」は「白」とせず、間を空けましょう。

月　日

練習 ぴったり2

聞き取りメモのくふう
カンジーはかせの都道府県の旅1

1 ――線の漢字の読みがなを書きましょう。

① **必**ずしもまちがいではない。（　）

② **茨城**県に向かう。（　）

③ **宮城**県に親せきがいる。（　）

④ **七夕**のかざりつけをする。（　）

⑤ **神奈川**県を旅する。（　）

⑥ **富山**県を地図で調べる。（　）

⑦ 母は**岐阜**県の出身だ。（　）

⑧ この海には、魚が豊《ほう》**富**にいる。（　）

2 □に漢字を書きましょう。

① 話の□□《ようてん》をまとめる。

② □□《もくてき》をはっきりさせる。

③ □□《ふりつ》の大学が近くにある。

④ □□《とちぎ》県から転校する。

⑤ □□《さいたま》県に本店がある。

⑥ □□《にいがた》県は米作りがさかんだ。

⑦ 毎朝、体重を□《はか》る。

⑧ □□《いど》の水をくむ。

⑨ □□《やまなし》県へ登山に向かう。

⑩ 旅行先は□□《しずおか》県だ。

⑪ 都会は□□《じんこう》が多い。

⑫ 赤い絵の具を□《もち》いる。

⑬ □□《やまがた》県の駅をさがす。

⑭ 鉄道で□□《ぐんま》県に向かう。

教科書 上44～51ページ
答え 3ページ

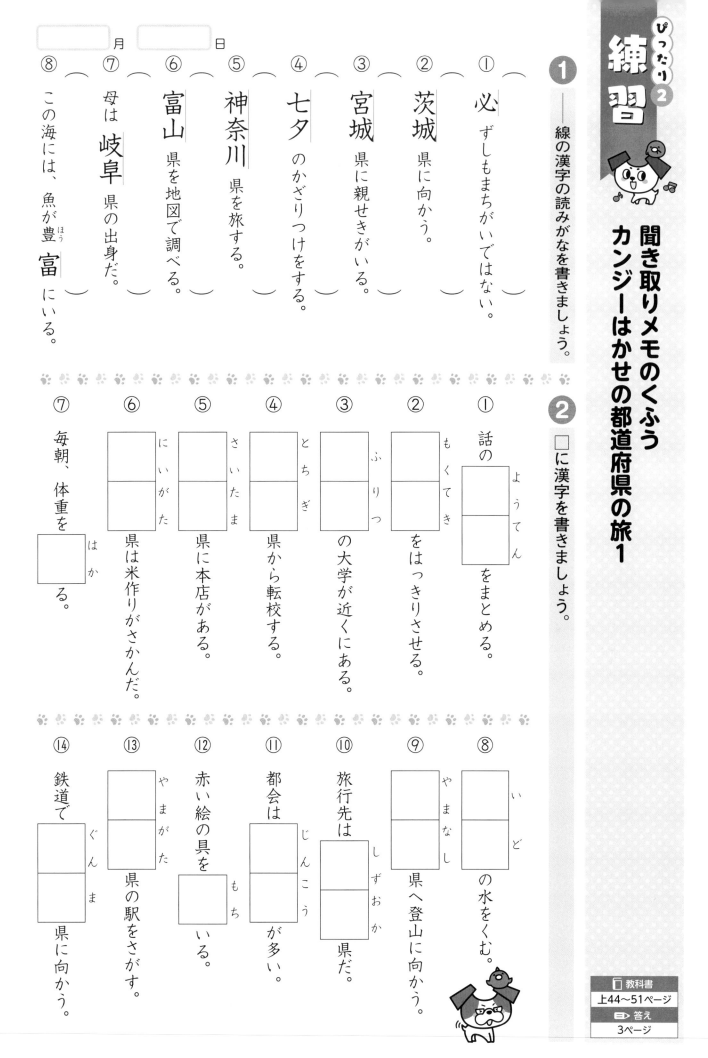

ぴったり2 練習

聞き取りメモのくふう
カンジーはかせの都道府県の旅1

教科書 上44～51ページ
答え 3ページ

月　　日

1 ――線の漢字の読みがなを書きましょう。

①（　　）要するに、ごみの多さが問題だ。
②（　　）多くの富をえる。
③（　　）兄はチームの要だ。
④（　　）富士《じ》山に登る。
⑤（　　）ひし形に紙を切る。
⑥（　　）他人に口外してはいけない。
⑦（　　）神社で絵馬を書く。
⑧（　　）チーズは栄養《えいよう》に富んでいる。

2 □に漢字を書きましょう。

① 食事の□□《ぶんりょう》が少ない。
② □《いばら》の道を行く。
③ 弓で□《まと》をねらう。
④ □《なし》を買って食べる。
⑤ □□《おかやま》県に出かける。
⑥ □《かなら》ず、ノートをとどける。
⑦ 京都□《ふ》のお寺に行く。

⑧ 科学□《てき》な内容《よう》の本を読む。
⑨ □□《ふくい》県に出かける。
⑩ 干《ひ》□《がた》の生き物を見つける。
⑪ □□《ひっし》でボールを追う。
⑫ 新しいやり方を□《もち》いる。
⑬ ますで米を□《はか》る。
⑭ □《とち》の木が育つ。

月　日

ぴったり2 練習

漢字の広場①
3年生で習った漢字

教科書 上52ページ
答え 3ページ

1 ——線の漢字の読みがなを書きましょう。

① 相手の都合をたずねる。（　　）

② 列車が鉄橋をわたる。（　　）

③ お宮まいりをする。（　　）

④ 町の中央に広場がある。（　　）

⑤ 船が港を出る。（　　）

⑥ パン屋の店主になる。（　　）

⑦ 向こうに古い農家が見える。（　　）

⑧ 地区の代表と話す。（　　）

2 □に漢字を書きましょう。

① □□《やすう》りの商品を買う。

② □□《おんしつ》で花を育てる。

③ 大会への出場を□《もう》しこむ。

④ お□□《いしゃ》さんにみてもらう。

⑤ きれいな□《みずうみ》で泳ぐ。

⑥ □《えき》まで出かける。

⑦ □□□□□《けんりつとしょかん》

⑧ 野菜のなえを□《う》える。

⑨ 近くの□□《びょういん》をさがす。

⑩ □□《やくしょ》に電話をする。

⑪ 草原に□《ひつじ》がいた。

⑫ □《ま》がりくねった道を行く。

⑬ テレビの□□□《ほうそうきょく》。

⑭ □□《ぎんこう》にお金をあずける。

ぴったり1 じゅんび

思いやりのデザイン

教科書 上53～55ページ

新しく学習する漢字

伝　案　説

教科書上53ページ

伝

デン
つたわる
つたえる
つたう

長く　とめる

使い方
先生《せんせい》から伝言《でんごん》をあずかる。
中国《ちゅうごく》から伝《つた》わった文字《もじ》。
友達《ともだち》に話《はなし》を伝《つた》える。

いろいろな読み方
代々伝《つた》わる味を伝授《でんじゅ》する。

伝 にんべん
6画

教科書上54ページ

案

アン

少し出す　長く　はらう　とめる

使い方
道《みち》を案内《あんない》する。
名案《めいあん》がうかぶ。
案外《あんがい》むずかしくなかった。

部首

案 き
10画

教科書上54ページ

説

セツ
とく
◆ゼイ

向きに注意　上にはねる　はらう

使い方
おもしろい小説《しょうせつ》を読《よ》む。
伝説《でんせつ》を信《しん》じる。
勉強《べんきょう》は必要《ひつよう》だと説《と》く。

いろいろな読み方
やさしく説明《せつめい》して、使い方を説《と》く。

説 ごんべん
14画

読み方が新しい漢字

漢字	読み方	使い方	前に出た読み方
明	メイ	発明《はつめい》をする	明《あ》かり・明《あか》るい 明《あか》らむ・明《あか》るむ 明《あき》らか・明《あ》ける 明《あ》く・明《あ》くる 明《あ》かす

とくべつな読み方をする言葉

言葉	使い方
景色《けしき》	景色《けしき》を楽《たの》しむ

月　日

ぴったり1 じゅんび

アップとルーズで伝える

教科書 上56～65ページ

新しく学習する漢字

試　選　観　旗　利　材　関

教科書 上56ページ

試

シ
こころみる
◆ためす

わすれない　はねる

使い方
算数《さんすう》の試験《しけん》を受《う》ける。
スーパーで試食《ししょく》する。
新《あたら》しい方法《ほうほう》を試《こころ》みる。

送りがな

試
み
る

ごんべん

13画

教科書 上56ページ

選

セン
えらぶ

はねる　はらう

使い方
見事《みごと》に予選《よせん》を勝《か》ちぬく。
プロ野球《やきゅう》の選手《せんしゅ》になりたい。
図書室《としょしつ》で本《ほん》を選《えら》ぶ。

いろいろな読み方
選挙《せんきょ》で委員長を選《えら》ぶ。

しんにょう　しんにゅう

15画

教科書 上56ページ

観

カン

わすれない　つける　上にはねる

使い方
メダカを観察《かんさつ》する。
母《はは》が参観日《さんかんび》に来《く》る。
日本各地《にほんかくち》を観光《かんこう》する。

字の形に注意
観

6画目をわすれないでね。

みる

18画

教科書 上59ページ

旗

キ
はた

わすれない　やや長く　はねる　とめる

使い方
旗手《きしゅ》を先頭《せんとう》に行進《こうしん》する。
運動場《うんどうじょう》に校旗《こうき》をかかげる。
旗《はた》をふって知《し》らせる。

字の形に注意

書きわすれないようにね。

旗

ほうへん　かたへん

14画

教科書 上59ページ

利

リ
◆きく

とめる　はねる

使い方
チームが勝利《しょうり》する。
パソコンを利用《りよう》して調《しら》べる。
相手《あいて》にとって有利《ゆうり》なルール。

部首
利

「禾」ではないんだね。

りっとう

7画

月　　日

教科書上 60ページ

材

ザイ

少し出す　とめる　はねる

使い方

カレーの材料《ざいりょう》を買《か》う。
事件《じけん》を取材《しゅざい》する。
人材《じんざい》が不足《ふそく》している。

1 材 2 材 3 材 4 材 5 材 6 材 7 材

材 きへん　7画

形のにた漢字

材木《ざいもく》
村

教科書上 62ページ

関

カン
せき
かかわる

長く　はねる　とめる

使い方

スポーツに関心《かんしん》がある。
昔《むかし》、関所《せきしょ》があった町《まち》。
となり町《まち》との関《かか》わりを調《しら》べる。

1 関 2 関 3 4 関 5 6 関 7 8 関 9 10 関 11 関 12 関 13 関 14 関

関 もんがまえ　14画

いろいろな読み方

関取《せきとり》が機関車《きかんしゃ》に乗る。

読み方が新しい漢字

漢字	読み方	使い方	前に出た読み方
後	コウ	試合《しあい》の後半《こうはん》	後《うし》ろ　後《あと》　午後《ご》

漢字クイズ 3

☆ 文に合う漢字を選んで、□に書きましょう。

① 妹は、動物に｛感・関｝心がある。 □

② 海の近くの町を｛観・間｝光する。 □

③ バレーボールの｛四・試｝合に出る。 □

答え15ページ

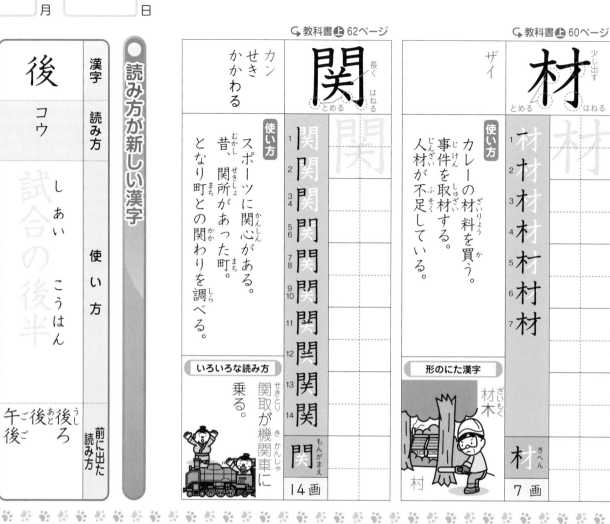

ぴったり1 じゅんび

お礼の気持ちを伝えよう

教科書 上66〜69ページ

新しく学習する漢字

以 季 節 郡

教科書上66ページ

以　イ　（向きに注意・はらう・とめる）

1 以 2 以 3 以 4 以 5 以

以《ひと》　5画

使い方

五分《ごふん》以内《いない》に完成《かんせい》させる。

思《おも》った以上《いじょう》の出来《でき》になる。

小学生《しょうがくせい》以下《いか》は入《はい》れません。

筆順

3画目の向きに気をつけよう！

以（1 2 3 4 5）

教科書上68ページ

季　キ　（はらう・はねる）

1 季 2 季 3 季 4 季 5 季 6 季 7 季 8 季

季《こ》　8画

使い方

日本《にっぽん》の四季《しき》は美《うつく》しい。

雨季《うき》にたくさんの雨《あめ》がふる。

季語《きご》を入《い》れて俳句《はいく》を作《つく》る。

部首

「季」の部首は、「こ」だよ。

季

「委」と書きまちがえないように！

教科書上68ページ

節　セツ　ふし　◆セチ　（向きに注意・「良」にしない・はねる・とめる）

1 節 2 節 3 節 4 5 6 節 7 8 節 9 節 10 節 11 節 12 節 13 節

節《たけかんむり》　13画

使い方

おこづかいを節約《せつやく》する。

節分《せつぶん》に豆《まめ》をまく。

竹《たけ》の節《ふし》を数《かぞ》える。

字の形に注意

節

「良」ではないよ！
「阝」でもないよ！

教科書上69ページ

郡　グン　（つき出す・三画で書く・つける）

1 郡 2 郡 3 郡 4 郡 5 郡 6 郡 7 郡 8 郡 9 郡 10 郡

郡《おおざと》　10画

使い方

田畑《たはた》の多《おお》い郡部《ぐんぶ》に向《む》かう。

先生《せんせい》はその郡《ぐん》の出身《しゅっしん》です。

郡内《ぐんない》の村《むら》をおとずれる。

筆順

郡（8 9 10）

8〜10画目に気をつけよう！

読み方が新しい漢字

漢字	読み方	使い方	前に出た読み方
市	シ	市役所《しやくしょ》へ行《い》く	市場《いちば》
村	ソン	町村《ちょうそん》の合《がっ》ぺい	村《むら》

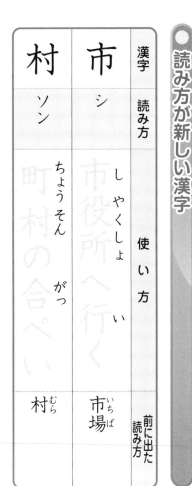

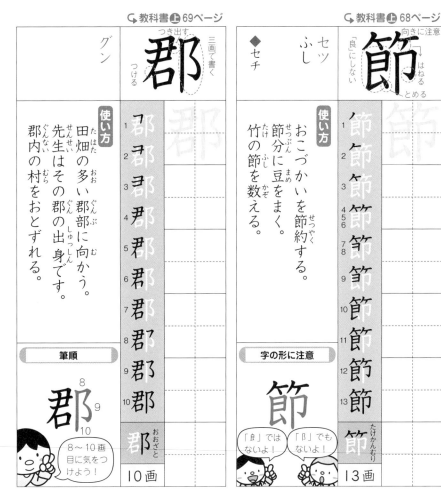

月　　日

ぴったり2 練習

思いやりのデザイン　アップとルーズで伝える　お礼の気持ちを伝えよう

教科書 上53～69ページ　答え 3ページ

1 ――線の漢字の読みがなを書きましょう。

① 野球の試合が始まる。（　　）
② ドラマの後半が始まった。（　　）
③ 住所に郡名を書く。（　　）
④ 市役所を見学する。（　　）
⑤ 山の景色をながめる。（　　）
⑥ 村立の図書館に行く。（　　）
⑦ 物事の明暗が分かれる。（　　）
⑧ 日本の四季を楽しむ。（　　）

2 □に漢字を書きましょう。

① 話し合いで□《あん》を出す。
② □□《もくざい》を加《か》工する。
③ □《はた》をふっておうえんする。
④ □□《せつぶん》に豆をまく。
⑤ □□□《かんきゃくせき》にすわる。
⑥ 親子の□□《かんけい》を考える。
⑦ 正しい答えを□《えら》ぶ。

⑧ 手紙で思いを□《つた》える。
⑨ □□《こっき》をかかげる。
⑩ チームの□□《しょうり》が決まる。
⑪ 土曜日□□《いがい》は早くねる。
⑫ 竹にはいくつもの□《ふし》がある。
⑬ 野球の□□《せんしゅ》になりたい。
⑭ 村の□□《でんせつ》を調べる。

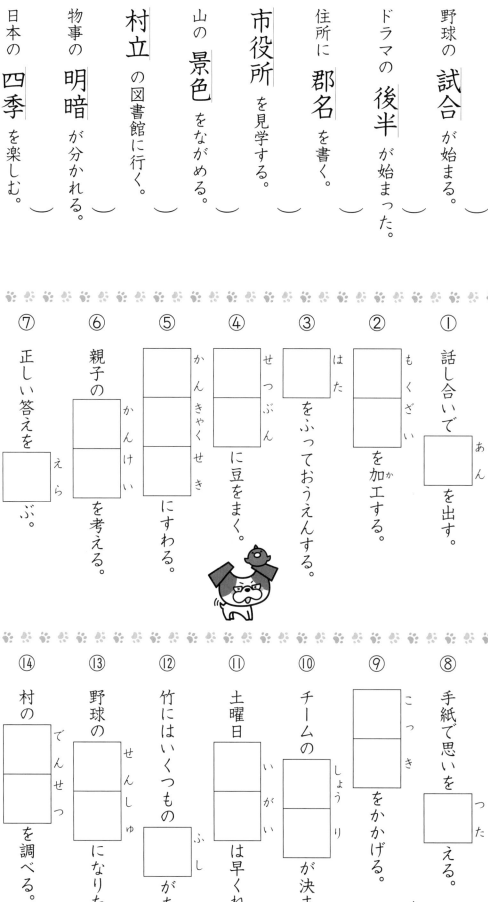

ぴったり2 練習

漢字の広場②　3年生で習った漢字

教科書　上70ページ
答え　4ページ

月　日

1 ――線の漢字の読みがなを書きましょう。

①（　　）コップに水を注ぐ。
②（　　）ケーキを平等に分ける。
③（　　）プリントをみんなに配る。
④（　　）虫が葉を食べる。
⑤（　　）炭に火を付《つ》ける。
⑥（　　）集合は昼ごろの予定です。
⑦（　　）今日はとても暑い。
⑧（　　）豆を食べる。

2 □に漢字を書きましょう。

① 宿題を□□《ぜんぶ》やり終えた。
② ヒマワリのなえが□《ね》付く。
③ 広いプールで□《およ》ぐ。
④ 大きな□□《にもつ》がとどく。
⑤ 近所の□□《なつまつ》りに出かける。
⑥ 野菜を□《あぶら》でいためる。
⑦ 夏の□□□□《じゆうけんきゅう》。

⑧ ピアノの□□《れんしゅう》をする。
⑨ □□《かぞく》で大会に参加《さんか》する。
⑩ □□《てっぱん》で肉をやく。
⑪ □□《りょこう》かばんを持つ。
⑫ 漢字の意味を□《しら》べる。
⑬ 弟は足が□《はや》い。
⑭ □□《きゅうしゅう》から車で来た。

一つの花

教科書 上71～84ページ

月　　日

新しく学習する漢字

戦　争　給　飯　包　帯　泣　軍　兵　隊　輪

教科書上71ページ

戦

セン
たたかう
◆いくさ

向きに注意　わすれないで　はねる　とめる

使い方
野球《やきゅう》の試合《しあい》を観戦《かんせん》する。
新《あたら》しいことにちょう戦《せん》する。
赤組《あかぐみ》と白組《しろぐみ》が戦《たたか》う。

いろいろな読み方
みんなで作戦《さくせん》を考えて戦《たたか》う。

戈（ほこづくり・ほこがまえ）　13画

教科書上71ページ

争

ソウ
あらそう

「マ」にしない　出す　はねる

使い方
戦争《せんそう》のない世界《せかい》をつくる。
競争相手《きょうそうあいて》に勝《か》つ。
友達《ともだち》と言《い》い争《あらそ》う。

送りがな

争
う

はねぼう　6画

教科書上72ページ

給

キュウ

はらう　とめる

使い方
学校《がっこう》で給食《きゅうしょく》を食《た》べる。
車《くるま》にガソリンを給油《きゅうゆ》する。
水《みず》が止《と》まり、給水車《きゅうすいしゃ》が来《く》る。

使い方
自給自足《じきゅうじそく》で作った野菜を給食《きゅうしょく》で使う。

糸（いとへん）　12画

教科書上73ページ

飯

ハン
めし

「食」にしない　はらう

使い方
合格祝《ごうかくいわ》いに赤飯《せきはん》を食《た》べる。
夕飯《ゆうはん》のしたくをする。
昼飯《ひるめし》を食《た》べてから出《で》かける。

字の形に注意

飯

「食」と書きまちがえないようにしよう。

しょくへん　12画

教科書上76ページ

包

ホウ
つつむ

はねる　あける

使い方
包丁《ほうちょう》でとうふを切《き》る。
プレゼントを包《ほう》そうする。
おかしの箱《はこ》を布《ぬの》で包《つつ》む。

いろいろな読み方
包丁《ほうちょう》を新聞紙で包《つつ》む。

つつみがまえ　5画

教科書上76ページ

帯

タイ
おびる
おび

つき出さない　はねる　とめる

使い方

足首《あしくび》に包帯《ほうたい》をまく。
夕日《ゆうひ》で赤《あか》みを帯《お》びた空《そら》。
着物《きもの》の帯《おび》をきつくしめる。

帯《はば》　10画

字の形に注意

「卌」の形をしっかりおぼえよう！
帯

教科書上77ページ

泣

なく
◆キュウ

向きに注意　長く

使い方

感動《かんどう》して泣《な》く。
泣《な》き虫《むし》とよく言《い》われる。
赤《あか》ちゃんが泣《な》き始《はじ》めた。

氵《さんずい》　8画

言葉の使い分け

泣《な》く—人がなくこと。
鳴く—動物がなくこと。

教科書上77ページ

軍

グン

「冖」にしない　長く

使い方

各国《かっこく》の軍隊《ぐんたい》が行進《こうしん》する。
祖父《そふ》は軍人《ぐんじん》だった。
軍手《ぐんて》をして草《くさ》むしりをする。

車《くるま》　9画

形のにた漢字

軍手《ぐんて》
運ぶ

教科書上78ページ

兵

ヘイ
ヒョウ

長く　あける　とめる

使い方

たくさんの兵士《へいし》を集《あつ》める。
化学兵器《かがくへいき》をなくそう。
兵庫県《ひょうごけん》を旅《たび》する。

八《は》　7画

字の形に注意

兵
5画目は長く書こう！

教科書上78ページ

隊

タイ

あける　はらう　はねる

使い方

音楽隊《おんがくたい》の一員《いちいん》となる。
隊長《たいちょう》を先頭《せんとう》に歩《ある》く。
消防隊《しょうぼうたい》が火事《かじ》にかけつける。

阝《こざとへん》　12画

字の形に注意

まちがえやすいので注意しよう。
隊

教科書上79ページ

輪

リン
わ

わすれない　つき出さない　はねる　とめる

使い方

自転車《じてんしゃ》の車輪《しゃりん》を新《あたら》しくする。
バラを一輪《いちりん》かざる。
青《あお》い首輪《くびわ》をした犬《いぬ》。

車《くるまへん》　15画

字の形に注意

輪

「用」ではないよ！

月　日

読み方が新しい漢字

漢字	読み方	使い方	前に出た読み方
頭	ズ	頭上《ずじょう》を見《み》る	頭《あたま》 二十頭《にじっとう》

「帯」は、「卌」の形に注意しましょう。

漢字クイズ4

☆ 総《そう》画数が同じ漢字に○をつけましょう。

① 兵
（　）県　（　）季　（　）住

② 争
（　）岩　（　）両　（　）兵

③ 軍
（　）郡　（　）茨　（　）黄

④ 飯
（　）園　（　）暗　（　）順

②は六画、④は十二画だね。

答え15ページ

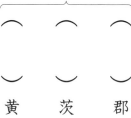

月　　日

ぴったり2 練習

一つの花

1 ―線の漢字の読みがなを書きましょう。

① 野球の試合を観戦する。（　　）

② どちらが速いか競《きょう》争する。（　　）

③ 包丁で野菜を切る。（　　）

④ 地図で工業地帯をさがす。（　　）

⑤ 軍歌が聞こえてくる。（　　）

⑥ 外国に出兵する。（　　）

⑦ 争いをしずめる。（　　）

⑧ 防《ぼう》空頭巾《きん》をかぶる。（　　）

2 □に漢字を書きましょう。

① 米が□□《はいきゅう》される。

② 花が□□《いちりん》さいている。

③ 強いチームと□《たたか》う。

④ 丸みを□《お》びた石を拾う。

⑤ にぎり□《めし》を食べる。

⑥ □□《たいれつ》を組んで歩く。

⑦ 妹が□《な》き顔になる。

⑧ 持ち物をふろしきで□《つつ》む。

⑨ □□《ひょうご》県の町に行く。

⑩ □《わ》になっておどる。

⑪ 着物の□《おび》を選ぶ。

⑫ 本に感動して□《な》く。

⑬ □□《きゅうしょく》の係になる。

⑭ □□《ゆうはん》を作る。

教科書 上71～84ページ
答え 4ページ

月　日

ぴったり1 じゅんび

つなぎ言葉のはたらきを知ろう
短歌・俳句《はいく》に親しもう（一）

教科書　上85～89ページ

新しく学習する漢字

健　康　夫　氏　祝　貸　児　器　官　良　徒　競　芽　梅

教科書上86ページ

健　ケン　◆すこやか

（つき出す／はらう）

使い方
保健室《ほけんしつ》で休《やす》む。
健全《けんぜん》な体《からだ》と健全《けんぜん》な心《こころ》。
学校《がっこう》で健康《けんこう》しんだんを受《う》ける。

筆順
1 亻 2 亻 3 仨 4 5 侓 6 侓 7 俹 8 律 9 健 10 健 11 健

9・10画目に気をつけよう！
健

部首：健　にんべん
11画

教科書上86ページ

康　コウ

（一画で書く／つき出す／はねる／はらう）

使い方
健康《けんこう》に気《き》をつかった食生活《しょくせいかつ》。
運動《うんどう》は健康《けんこう》によい。
健康《けんこう》な体《からだ》を作《つく》る。

字の形に注意

康
「フく」ではないよ！

部首：康　まだれ
11画

教科書上86ページ

夫　フ　フウ　おっと

（下を長く／はらう）

使い方
キュリー夫人《ふじん》の伝記《でんき》。
夫婦《ふうふ》で出《で》かける。
わたしの夫《おっと》はやさしい人《ひと》だ。

対《つい》になる言葉
妻《つま》　夫《おっと》

部首：大　だい
4画

教科書上86ページ

氏　シ　◆うじ

（長く／はねる）

使い方
住所《じゅうしょ》と氏名《しめい》を記入《きにゅう》する。
源氏物語《げんじものがたり》を読《よ》む。
田中《たなか》氏は欠席《けっせき》です。

部首
「氏」は漢字全体が部首「うじ」だよ。

氏
字の形にも注意してね。

部首：氏　うじ
4画

教科書上86ページ

祝　シュク　いわう　◆シュウ

（ななめに／上にはねる）

使い方
いとこの結《けっ》こんを祝福《しゅくふく》する。
祝日《しゅくじつ》に出《で》かける。
祝《いわ》いの言葉《ことば》をのべる。

字の形に注意

「ネ」と書かないように気を つけよう！
祝

部首：祝　しめすへん
9画

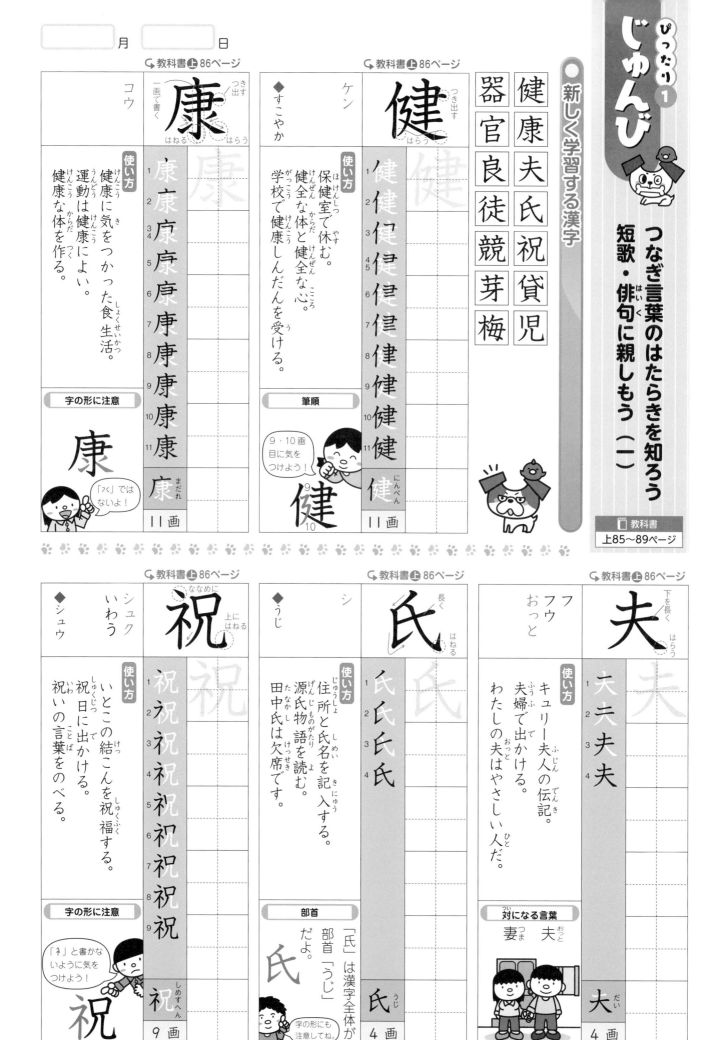

月　日

貨

教科書上86ページ

カ

上にはねる　はらう　とめる

使い方

長《なが》い貨物列車《かもつれっしゃ》が走《はし》る。
母《はは》と百貨店《ひゃっかてん》に出《で》かける。
少年《しょうねん》はほうびに金貨《きんか》をもらった。

貝《かい》　こがい

11画

形のにた漢字

銀貨《ぎんか》

貸《か》す

児

教科書上87ページ

ジ

◆ニ

「口」にしない　つけない　上にはねる

使い方

おばは育児《いくじ》でいそがしい。
児童会《じどうかい》に参加《さんか》する。
明日《あす》は園児《えんじ》と遊《あそ》ぶ。

儿《ひとあし》　にんにょう

7画

筆順

1画目に気をつけよう！

児

器

教科書上87ページ

キ

◆うつわ

つき出す　長く

使い方

夕食《ゆうしょく》の食器《しょっき》をかたづける。
はさみを器用《きよう》に使《つか》う。
好《す》きな楽器《がっき》を持《も》つ。

口《くち》

15画

反対の意味の言葉

器用《きよう》

不器用《ぶきよう》

官

教科書上87ページ

カン

つける　上より大きく

使い方

警察官《けいさつかん》に道《みち》をたずねる。
食《た》べ物《もの》を消化《しょうか》する器官《きかん》。
官製《かんせい》はがきを買《か》いに行《い》く。

宀《うかんむり》

8画

筆順

4画目に注意しよう。

官

良

教科書上87ページ

リョウ

よい

立てる　はらう

使い方

良心《りょうしん》にしたがって行動《こうどう》する。
改良《かいりょう》を重《かさ》ねた製品《せいひん》。
最《もっと》も良《よ》い方法《ほうほう》を考《かんが》える。

艮《ねづくり》　こんづくり

7画

反対の意味の言葉

良《よ》い

悪い

徒

教科書上87ページ

ト

下を長く　はらう　とめる

使い方

兄《あに》が生徒会《せいとかい》の会長《かいちょう》になる。
駅《えき》まで徒歩《とほ》で行《い》く。
全校生徒《ぜんこうせいと》が校庭《こうてい》に集《あつ》まる。

彳《ぎょうにんべん》

10画

字の形に注意

徒

「亻」ではないので気をつけよう！

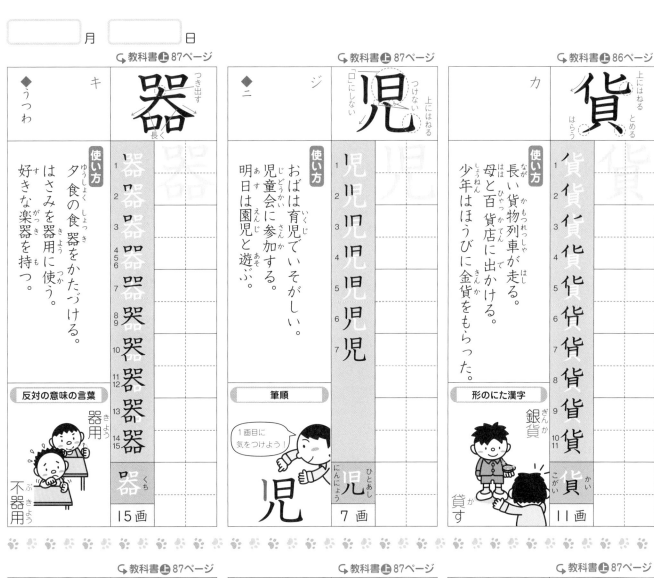

月　日

教科書(上)87ページ

競

キョウ
ケイ
◆きそう
◆せる

上にはねる

競 競 競 競 競 競 競 競 競 競（1・2・3〜5・6〜8・9〜10・11〜12・13〜15・16〜18・19・20）

使い方

徒競走《ときょうそう》に出場《しゅつじょう》する。
陸上競技場《りくじょうきょうぎじょう》に行《い》く。
父《ちち》と競馬場《けいばじょう》に出《で》かける。

字の形に注意

10・20画目のちがいをおぼえよう！

競

競（たつ）　20画

教科書(上)88ページ

芽

ガ
め

出す　はねる

芽 芽 芽 芽 芽 芽 芽 芽（1〜8）

使い方

発芽《はつが》の様子《ようす》を観察《かんさつ》する。
木々《きぎ》が芽《め》を出《だ》す春《はる》。
なかなか芽《め》が出《で》ない画家《がか》。

言葉の意味

芽《め》が出《で》る
世間に仕事などがみとめられ始める。

芽（くさかんむり）　8画

教科書(上)89ページ

梅

バイ
うめ

つき出さない　とめる　はねる

梅 梅 梅 梅 梅 梅 梅 梅 梅 梅（1〜10）

使い方

有名《ゆうめい》な梅園《ばいえん》を見学《けんがく》する。
梅《うめ》ぼしが大好《だいす》きだ。
梅《うめ》の花《はな》がきれいにさく。

字の形に注意

梅

「母」ではないので気をつけて！

梅（きへん）　10画

読み方が新しい漢字

漢字	読み方	使い方	前に出た読み方
台	タイ	台風《たいふう》が近《ちか》づく	ふみ台《だい》

とくべつな読み方をする言葉

言葉	使い方
昨日《きのう》	昨日《きのう》の夜《よる》は雨《あめ》だった
奈良《なら》	奈良《なら》の公園《こうえん》にいるシカ

月　　日

ぴったり2 練習

つなぎ言葉のはたらきを知ろう　短歌・俳句《はいく》に親しもう（一）

1 ――線の漢字の読みがなを書きましょう。

① 妻《つま》と夫。（　　）

② 海の日は祝日だ。（　　）

③ 大きな競馬場が見える。（　　）

④ 昨日から雨がふっている。（　　）

⑤ 奈良県のお寺を調べる。（　　）

⑥ 玉入れ競争をする。（　　）

⑦ 父はうでの良い大工だ。（　　）

⑧ 梅の花が香《かお》る。（　　）

2 □に漢字を書きましょう。

① □□《けんこう》に気をつける。

② 新しいくつに□□《しめい》を書く。

③ 母のたん生日を□《いわ》う。

④ □□□《じどうかん》で遊ぶ。

⑤ □□□《ひゃっかてん》で買い物をする。

⑥ 兄は手先が□□《きよう》だ。

⑦ けいさつ□《かん》になる。

⑧ □□《りょうしょ》をさがして読む。

⑨ □□《とほ》で駅に行く。

⑩ チューリップが□《め》を出す。

⑪ □□《たいふう》が近づく。

⑫ 松竹《しょうちく》□《ばい》の絵をかく。

⑬ キュリー□□《ふじん》の伝記を読む。

⑭ アサガオの□□《はつが》を記録する。

教科書 上85～89ページ
答え 4ページ

月　日

ぴったり2 練習

つなぎ言葉のはたらきを知ろう
短歌・俳句《はいく》に親しもう（一）

教科書 上85～89ページ
答え 4ページ

1 ――線の漢字の読みがなを書きましょう。

① 竹田氏は会を休んだ。（　）
② ほうびに金貨をもらう。（　）
③ ロボットを改《かい》良する。（　）
④ 春は新芽の季節だ。（　）
⑤ 自分の良心にしたがう。（　）
⑥ リレー競走に出る。（　）
⑦ 梅園でお茶を飲む。（　）
⑧ 草木が芽生える。（　）

2 □に漢字を書きましょう。

① □□《けんぜん》な社会をつくる。
② お□《いわ》いの言葉を伝える。
③ □《おっと》と出かける。
④ □□《がっき》をえんそうする。
⑤ □□□《くさけいば》を見に行く。
⑥ □□《やたい》でかき氷を買う。
⑦ □《うめ》の実を集める。

⑧ いちばん□《よ》い方法を選ぶ。
⑨ 全校□□《せいと》が集まる。
⑩ 小さい□□《えんじ》と遊ぶ。
⑪ □□《かもつ》列車が通る。
⑫ □□《ちょうかん》に話を伝える。
⑬ □□《しょっき》をかたづける。
⑭ けっこんを□□《しゅくふく》する。

月　日

ぴったり1 じゅんび

要約するとき
新聞を作ろう
アンケート調査のしかた

教科書 上90～99ページ

新しく学習する漢字

約 付 清

教科書上90ページ

約（とめる・はねる）

ヤク

使い方
必《かなら》ず守《まも》ると約束《やくそく》する。
予約《よやく》したバスで出《で》かける。
約一時間《やくいちじかん》かかる道《みち》のり。

1 約 2 約 3 約 4 約 5 約 6 約 7 約 8 約 9 約

約 いとへん　9画

反対の意味の言葉

節約《せつやく》
ろう費《ひ》

教科書上95ページ

付（とめる・はねる）

フ
つける
つく

使い方
家《いえ》の付近《ふきん》で遊《あそ》ぶ。
申《もう》しこみを受《う》け付《つ》ける。
ほこりが付《つ》く。

1 付 2 付 3 付 4 付 5 付

付 にんべん　5画

いろいろな読み方

荷物を送付《そうふ》するのに付《つ》き合《あ》う。

教科書上97ページ

清（向きに注意・とめる・はねる）

セイ
きよい
きよまる
きよめる
◆ショウ

使い方
手《て》を清《せい》けつにたもつ。
谷間《たにま》の清流《せいりゅう》にそって歩《ある》く。
川《かわ》の水《みず》が清《きよ》くすんでいる。

1 清 2 清 3 4 清 5 清 6 清 7 清 8 清 9 清 10 清 11 清

清 さんずい　11画

反対の意味の言葉

清音《せいおん》

だく音

読み方が新しい漢字

漢字	読み方	使い方	前に出た読み方
夫	フウ	工夫《くふう》して作《つく》る	夫《おっと》・夫人《ふじん》
答	トウ	回答《かいとう》を考《かんが》える	答《こた》え　答《こた》える

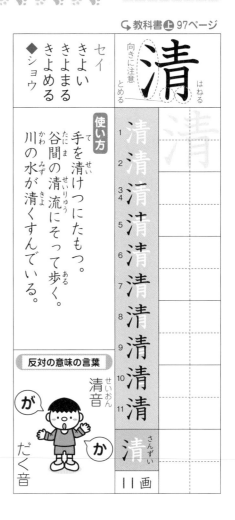

ぴったり1 じゅんび

カンジーはかせの都道府県の旅2
夏の楽しみ

教科書 上100〜103ページ

新しく学習する漢字

滋　阪　徳　香　媛　佐
賀　崎　熊　鹿　沖　縄

教科書上100ページ

滋

◆ジ

向きに注意

使い方
滋賀県《しがけん》の琵琶湖《びわこ》は日本一《にほんいち》大きい。
旅行《りょこう》で滋賀県内《しがけんない》の寺院《じいん》を歩《ある》いた。
滋賀《しが》の彦根《ひこね》城内《じょうない》を見学《けんがく》する。

字の形に注意

下に
つき出さ
ないよ。

滋

滋　さんずい
12画

教科書上100ページ

阪

◆ハン

三画でかく　はらう

使い方
大阪名物《おおさかめいぶつ》のたこやき。
活気《かっき》にあふれる大阪府《おおさかふ》。
遠《とお》くに大阪城《おおさかじょう》が見《み》えた。

漢字のれきし

今　昔
大阪　大坂《おおさか》

阪　こざとへん
7画

教科書上101ページ

徳

トク

「四」にしない

使い方
徳島県《とくしまけん》の阿波《あわ》おどり。
料理《りょうり》に徳島《とくしま》のすだちを使《つか》う。
道徳《どうとく》を学《まな》び、考《かんが》える。

言葉の意味

道徳《どうとく》―人として守らなければならない決まり。

徳　ぎょうにんべん
14画

教科書上101ページ

香

か
かおり
かおる
◆コウ
◆キョウ

とめる　はらう

使い方
香川県《かがわけん》はうどんで有名《ゆうめい》だ。
ほのかな香《かお》り。
ゆりの花《はな》が香《かお》る。

形のにた漢字

番　香《かおり》

香　か　かおり
9画

教科書上101ページ

媛

◆エン

右上に　向きに注意　はらう　はらう

使い方
愛媛県《えひめけん》のみかんはおいしい。
松山城《まつやまじょう》は愛媛県松山市《えひめけんまつやまし》に建《た》つ。
船《ふね》で愛媛《えひめ》に向《む》かう。

字の形に注意

媛

4画目を
わすれない
でね！

媛　おんなへん
12画

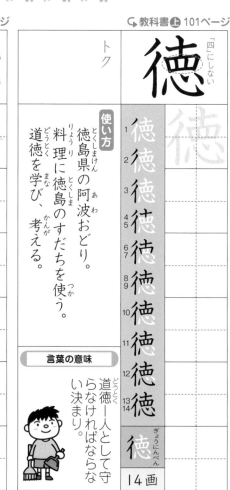

教科書上 101ページ

佐

サ

はらう　下を長く

使い方

佐賀県《さがけん》の有田焼《ありたやき》を買《か》う。
大佐《たいさ》に会《あ》ったことがある。
土佐《とさ》は高知県《こうちけん》の旧国名《きゅうこくめい》だ。

字の形に注意

佐

「右」ではないよ。

佐 にんべん

7画

教科書上 101ページ

賀

ガ

はねる　とめる

使い方

年賀状《ねんがじょう》を送る。
佐賀県《さがけん》のいせきを見学《けんがく》する。
佐賀《さが》のやきものを買《か》う。

字の形に注意

賀

「刀」と書かないように気をつけよう。

貝 かい こがい

12画

教科書上 101ページ

崎

さき

はねる

使い方

長崎県《ながさきけん》でちゃんぽんを食《た》べた。
家族《かぞく》と宮崎《みやざき》へ行《い》った。
島崎《しまざき》さんと図書館《としょかん》へ出《で》かけた。

部首

「崎」の部首は、「やまへん」だよ。

崎

山 やまへん

11画

教科書上 101ページ

熊

くま

向きに注意　はねる

使い方

熊本県《くまもとけん》でお城《しろ》を見《み》た。
トマトの生産《せいさん》で有名《ゆうめい》な熊本《くまもと》。
国内《こくない》には二種類《にしゅるい》の熊《くま》がいる。

部首

「熊」の部首は「れんが」だよ。

熊

灬 れんが れっか

14画

教科書上 101ページ

鹿

しか　か

はねる

使い方

鹿児島《かごしま》の桜島大根《さくらじまだいこん》は大《おお》きい。
鹿児島県《かごしまけん》は多《おお》くの島《しま》を有《ゆう》する。
鹿《しか》の角《つの》は一年《いちねん》で生《は》えかわる。

漢字の知しき

神社にいる鹿《しか》は神の使いといわれているよ。

鹿 しか

11画

教科書上 101ページ

沖

おき

◆チュウ

向きに注意

使い方

沖縄《おきなわ》でシーサーを見《み》た。
沖縄県《おきなわけん》は、もずくの産地《さんち》。
岸《きし》から沖《おき》に向《む》かって泳《およ》ぐ。

字の形に注意

「氵」に「中」をつけると「沖」になるよ。

沖

氵 さんずい

7画

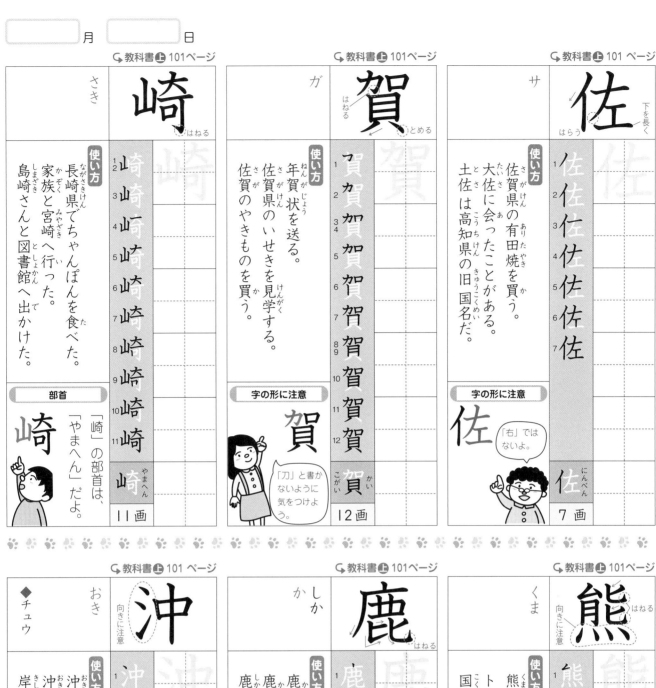

月　日

教科書上101ページ

縄

なわ

◆ジョウ

上より大きく　はねる　とめる

使い方

沖縄《おきなわ》のさとうきび畑《ばたけ》。

ニガウリで有名《ゆうめい》な沖縄県《おきなわけん》。

弟《おとうと》が縄《なわ》とびの練習《れんしゅう》をしている。

いとへん　15画

字の形に注意

とくべつな読み方をする言葉

言葉	使い方
滋賀《しが》	滋賀《しが》の湖《みずうみ》は大《おお》きい
大阪《おおさか》	大阪《おおさか》のお城《しろ》はりっぱだ
鳥取《とっとり》	鳥取《とっとり》の梨《なし》を買《か》う
愛媛《えひめ》	愛媛《えひめ》の港町《みなとまち》に行《い》く
大分《おおいた》	大分《おおいた》の温《おん》せんは有名《ゆうめい》だ
鹿児島《かごしま》	鹿児島《かごしま》の火山《かざん》の写真《しゃしん》

漢字クイズ5

答え15ページ

☆次の文の都道府県名には、まちがった漢字が使われています。正しい漢字に直して書きましょう。

① 大坂府は西日本の都道府県でもっとも人口が多い。

② 四国の科川県はうどんで有名だ。

③ 東北の山方県はさくらんぼの産《さん》地だ。

④ 左賀県には有名な古代いせきがある。

⑤ 火児島県は九州のいちばん南にある県だ。

ぴったり2 練習

要約するとき／新聞を作ろう／アンケート調査のしかた
カンジーはかせの都道府県の旅２／夏の楽しみ

教科書 上90〜103ページ
答え 5ページ

月　　日

1 ―線の漢字の読みがなを書きましょう。

① 夏休みは滋賀県に行く。（　　）
② 大阪府へ飛行機で行く。（　　）
③ 鳥取県は日本海に面している。（　　）
④ 愛媛県の友達に会う。（　　）
⑤ 出身地は大分県です。（　　）
⑥ 鹿児島県で夏をすごす。（　　）
⑦ あの人は人徳がある。（　　）
⑧ 進め方を工夫する。（　　）

2 □に漢字を書きましょう。

① □《やく》二千人の観客が集まった。
② 雪に足あとを□《つ》ける。
③ メモを□□《せいしょ》する。
④ □□《とくしま》県を旅行する。
⑤ □□《かがわ》県は四国にある。
⑥ おじは□□《ながさき》県に住んでいる。
⑦ □□《くまもと》県の名所をたずねる。

⑧ □《おき》に船がうかんでいる。
⑨ □《なわ》とびの練習をする。
⑩ アンケートの□□《かいとう》を読む。
⑪ 服によごれが□《つ》く。
⑫ お宮まいりの前に手を□《きよ》める。
⑬ バラの花が□《かお》る。
⑭ □《しか》にえさをやる。

要約するとき／新聞を作ろう／アンケート調査のしかた カンジーはかせの都道府県の旅２／夏の楽しみ

教科書 上90〜103ページ
答え 5ページ

月　日

1 ——線の漢字の読みがなを書きましょう。

① 沖に向かって泳ぐ。（　）

② リーダーを補《ほ》佐する。（　）

③ 答案用紙に記入する。（　）

④ 夫婦《ふ》で出かける。（　）

⑤ 年賀のあいさつをする。（　）

⑥ 父と宮崎県に出かける。（　）

⑦ 鹿の子もようの着物。（　）

⑧ 木のえだを縄でしばる。（　）

2 □に漢字を書きましょう。

① 車で空港□□《ふきん》を通る。

② 姉は心が□《きよ》い人だ。

③ やき立てのパンの□《かお》り。

④ □《くま》の親子を見かける。

⑤ □□《どうとく》の教科書を開く。

⑥ お金を□□《せつやく》する。

⑦ □□《せいりゅう》で魚をつる。

⑧ 服にほこりが□《つ》く。

⑨ せっけんのにおいが□《かお》る。

⑩ □《しか》のつのを拾う。

⑪ バスの席を□□《よやく》する。

⑫ 新聞のわり□《つ》けを考える。

⑬ 体を□《せい》けつにたもつ。

⑭ 文章を□□《ようやく》する。

月　日

ぴったり1 じゅんび

新しく学習する漢字

神様の階段《だん》

熱　働　栄　養　満

教科書 上108〜115ページ

教科書上108ページ

熱

上にはねる　向きに注意　とめる

ネツ
あつい

使い方

かぜをひいて熱《ねつ》が出《で》る。
読書《どくしょ》に熱中《ねっちゅう》する。
熱《あつ》いお茶《ちゃ》を飲《の》む。

れんが（れっか）　15画

言葉の使い分け

熱《あつ》い―温度が高い様子。
暑い―気温が高い様子。

教科書上112ページ

働

とめる　はねる

ドウ
はたらく

使い方

労働時間《ろうどうじかん》が長《なが》くなる。
母《はは》は働《はたら》き者《もの》だ。
風車《ふうしゃ》の働《はたら》きを調《しら》べる。

にんべん　13画

送りがな

働　ら　く

教科書上113ページ

栄

向きに注意　とめる　はらう

エイ
さかえる
◆はえ
◆はえる

使い方

金《きん》メダルの栄光《えいこう》にかがやく。
たくさん栄養《えいよう》をとる。
米作《こめづく》りで村《むら》が栄《さか》える。

き　9画

部首

教科書上113ページ

養

長く

ヨウ
やしなう

使い方

教養《きょうよう》を身《み》に付《つ》ける。
長《なが》い休養《きゅうよう》を取《と》る。
体力《たいりょく》を養《やしな》う。

しょく　15画

送りがな

養　な　う

教科書上114ページ

満

上を長く　向きに注意　はねる　とめる

マン
みちる
みたす

使い方

テストの結果《けっか》に満足《まんぞく》する。
満員電車《まんいんでんしゃ》に乗《の》る。
満《み》ち足《た》りた生活《せいかつ》を送《おく》る。

さんずい　12画

反対の意味の言葉

満足《まんぞく》
不満《ふまん》

月　日

読み方が新しい漢字

漢字	読み方	使い方	前に出た読み方
秋	シュウ	中秋《ちゅうしゅう》の名月《めいげつ》	秋《あき》
冬	トウ	冬季《とうき》の大会《たいかい》	冬《ふゆ》

とくべつな読み方をする言葉

言葉	使い方
手伝《てつだ》う	先生《せんせい》の作業《さぎょう》を手伝《てつだ》う

漢字クイズ 6

答え 15ページ

☆計算すると、どんな漢字ができますか。漢字を書いて答えましょう。

引き算もあるので注意しましょう。

① 坴＋丸＋灬＝□

② 学－子＋木＝□

③ 氵＋廿＋口＋山＝□

④ 体－本＋重＋力＝□

⑤ 庫－車＋コ＋求－丶＝□

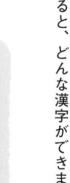

ぴったり2 練習

神様の階段《だん》

月　日

1 ――線の漢字の読みがなを書きましょう。

①（　　）秋分の日に出かける。

②（　　）家の手伝いをする。

③（　　）冬至《じ》の日にかぼちゃを食べる。

④（　　）中秋の名月をながめる。

⑤（　　）ほめられて光栄だ。

⑥（　　）ゆっくり静養する。

⑦（　　）冬季オリンピックの選手。

⑧（　　）兄は東京で働くことになった。

2 □に漢字を書きましょう。

① □《あつ》い湯を入れる。

② 風の□《はたら》きを調べる。

③ 町の中心部が□《さか》える。

④ 走って体力を□《やしな》う。

⑤ テストで□□《まんてん》をとる。

⑥ テニスの試合が□□《はくねつ》する。

⑦ 労《ろう》□《どう》時間が長い。

⑧ 草は根から□□《ようぶん》をえる。

⑨ □《み》ち足りた生活を送る。

⑩ 夜中に□□《はつねつ》する。

⑪ 家で□□《きゅうよう》をとる。

⑫ コップを水で□《み》たす。

⑬ 高い□□《きょうよう》がある。

⑭ サッカーに□□《ねっちゅう》する。

教科書 上108～115ページ
答え 5ページ

　月　　日

夏のチャレンジテスト

時間 30分
／100
ごうかく 80点

教科書 上21～115ページ
答え 6ページ

1 ―線の漢字の読みがなを書きましょう。 一つ2点(42点)

① 取材（　　）に対して熱心（　　）な様子で回答（　　）した。
② 辞典（　　）をみんなで用（　　）いて漢字の画数（　　）を調べた。
③ 徒競走（　　）の大会で順位《い》（　　）をはげしく争（　　）う。
④ 初（　　）めておとずれた土地で案内図（　　）を見ながら歩く。
⑤ 飛行機（　　）で友人といっしょに愛媛（　　）県まで旅行した。
⑥ 愛（　　）らしい感じの鹿（　　）の親子を絵画（　　）にえがく。
⑦ 長官（　　）がこれまでにない手法（　　）を会見で説明（　　）する。
⑧ お社（　　）の近くで、梅（　　）の花がさいている。

2 次の―線の平がなを、漢字と送りがなに分けて書きましょう。 一つ2点(10点)

れい きまりを守る。 [決 ― まり]
① 家族をやしなう。 [　―　]
② かならず持ってくること。 [　―　]
③ 魚がむれる。 [　―　]
④ 自分を動物にたとえる。 [　―　]
⑤ 弁《べん》当をふろしきでつつむ。 [　―　]

　　月　　日

3 □に漢字を書きましょう。

一つ2点(30点)

① 研究の□《かなめ》について□《つた》える。

② □□《せんしゅ》が□《はた》をふって入場する。

③ □□《いばらき》県についての□□《きろく》を調べる。

④ □□《せんじょう》のあと地に□□《いちりん》の花がさく。

⑤ ようち□□《えんじ》たちが□□《ともだち》と遊んでいる。

⑥ □□《きゅうしょく》にご□《はん》と□□《やさい》のおかずが出る。

⑦ □□□□《とうざいなんぼく》の□《しるし》をつける。

4 次の□に当てはまる漢字を入れて、（　）にしめした都道府県名を完成《かん》させましょう。

一つ1点(6点)

れい（とうきょう・きょうと）

東	京
	都

①（とやま・やまなし）

(1)	
山	(2)

②（しずおか・おかやま）

(1)	(2)
	山

③（かながわ・なら）

(1)	
奈	(2)
川	

5 次の漢字には、同じ部首を付けることができます。□には部首の形を、〔　〕にはその部首のよび名を［　］からえらんで書きましょう。

一つ3点(12点)

① 木　言　左　□　〔　　〕

② 立　青　中　□　〔　　〕

きへん・うかんむり・れんが・あめかんむり
にんべん・たけかんむり・まだれ・さんずい

月　日

ぴったり1 じゅんび

ぼくは川
あなたなら、どう言う

教科書 上118〜121ページ

新しく学習する漢字

令

教科書上121ページ

令　レイ　（はらう）

使い方
先生《せんせい》が号令《ごうれい》をかける。
命令《めいれい》にしたがう。
大雨警報《おおあめけいほう》が発令《はつれい》される。

形のにた漢字
号令《ごうれい》
今すぐ集まる。

令　ひとやね　5画

とくべつな読み方をする言葉

言葉	使い方
真《ま》っ赤《か》	目《め》を真《ま》っ赤《か》にする
お姉《ねえ》さん	お姉《ねえ》さんに服《ふく》をもらう

漢字クイズ7

☆次の県名の正しい漢字を選んで、□に書きましょう。

答え15ページ

① 神｛菜　奈｝川県

□

② ｛富　都｝山県

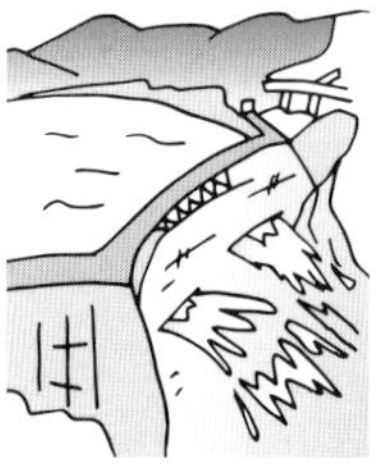

□

③ 福｛井　意｝県

□

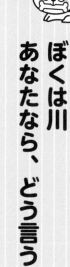

月　　日

ぴったり1 じゅんび

パンフレットを読もう
どう直したらいいかな
いろいろな意味をもつ言葉

教科書 上122〜129ページ

新しく学習する漢字

位　置　漁　浴　欠　卒　単
結　果　径　副　臣　街　灯

教科書上123ページ

位

イ　くらい

（つける）（上より長く）

使い方
正《ただ》しい位置《いち》を地図《ちず》でさがす。
順位《じゅんい》の発表《はっぴょう》を待《ま》つ。
百《ひゃく》の位《くらい》をくり上げる。

漢字のおぼえ方

人（亻）の立つ位置《いち》。

位　にんべん　7画

教科書上123ページ

置

チ　おく

（「四」にしない）（「日」にしない）

使い方
部屋《へや》にクーラーを設置《せっち》する。
つくえの上《うえ》に本《ほん》を置《お》く。
物置小屋《ものおきごや》にはしごをしまう。

字の形に注意

置

置　あみがしら　あみめ　13画

教科書上127ページ

漁

ギョ　リョウ

（向きに注意）（向きに注意）

使い方
漁業《ぎょぎょう》がさかんな町《まち》。
漁港《ぎょこう》に船《ふね》が帰《かえ》ってくる。
今年《ことし》はさんまが大漁《たいりょう》だ。

いろいろな読み方

漁《りょう》に出た漁船《ぎょせん》が港にもどる。

漁　さんずい　14画

教科書上127ページ

浴

ヨク　あびる　あびせる

（とめる）（はらう）（向きに注意）

使い方
森林浴《しんりんよく》に出《で》かける。
太陽《たいよう》の光《ひかり》を浴《あ》びる。
いっせいに質問《しつもん》を浴《あ》びせる。

いろいろな読み方

海水浴《かいすいよく》に行き、日の光を浴《あ》びる。

浴　さんずい　10画

教科書上129ページ

欠

ケツ　かける　かく

（はらう）

使い方
かぜで学校《がっこう》を欠席《けっせき》する。
ふちの欠《か》けた茶《ちゃ》わんをすてる。
決《き》め手《て》を欠《か》く。

反対の意味の言葉

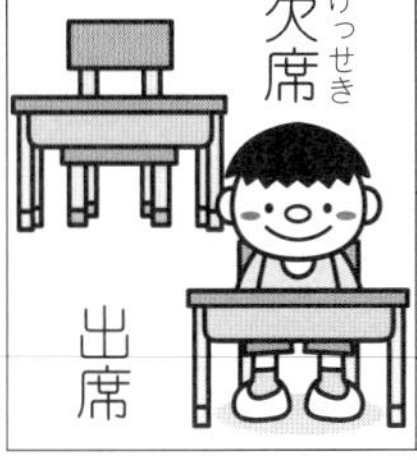

欠席《けっせき》　出席

欠　あくび　かける　4画

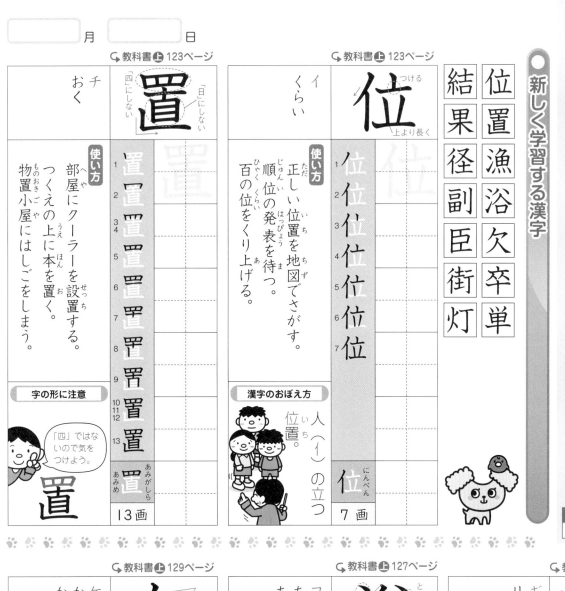

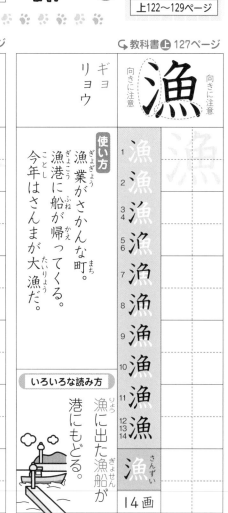

月　日

教科書上129ページ

卒

ソツ

（とめる・長く・出す）

8画　卒（じゅう）

使い方

卒業式《そつぎょうしき》に出席《しゅっせき》する。

兄《あに》はゲームを卒業《そつぎょう》した。

弟《おとうと》が卒園《そつえん》する。

反対の意味の言葉

卒業《そつぎょう》

入学

教科書上129ページ

単

タン

（向きに注意・長く）

9画　単（つかんむり）

使い方

単語《たんご》の意味《いみ》を調《しら》べる。

答《こた》えは単位《たんい》をつけて書《か》く。

簡単《かんたん》な方法《ほうほう》を選《えら》ぶ。

反対の意味の言葉

単発《たんぱつ》

連発《れんぱつ》

教科書上129ページ

結

ケツ

むすぶ

◆ゆう

◆ゆわえる

（上を長く・とめる）

12画　結（いとへん）

使い方

テストの結果《けっか》を楽《たの》しみに待《ま》つ。

新《あたら》しいチームを結成《けっせい》する。

ひもをしっかりと結《むす》ぶ。

いろいろな読み方

ひもを結《むす》んで、

列車を連結《れんけつ》する。

教科書上129ページ

果

カ

はたす

はてる

はて

（一画で書く・はらう）

8画　果（き）

使い方

季節《きせつ》の果実《かじつ》が実《みの》る。

おこづかいを使《つか》い果《は》たす。

走《はし》り続《つづ》けて、つかれ果《は》てる。

筆順

果　5　6

教科書上129ページ

径

ケイ

（あける・はらう・とめる）

8画　径（ぎょうにんべん）

使い方

半径《はんけい》の長《なが》さをはかる。

円《えん》の直径《ちょっけい》を求《もと》める。

川《かわ》ぞいの小径《しょうけい》を歩《ある》く。

字の形に注意

径

教科書上129ページ

副

フク

（わすれない・とめる・はねる）

11画　副（りっとう）

使い方

クラブの副部長《ふくぶちょう》になった。

薬《くすり》の副作用《ふくさよう》を調《しら》べる。

副賞《ふくしょう》として米《こめ》をもらった。

形のにた漢字

副賞《ふくしょう》

福引き

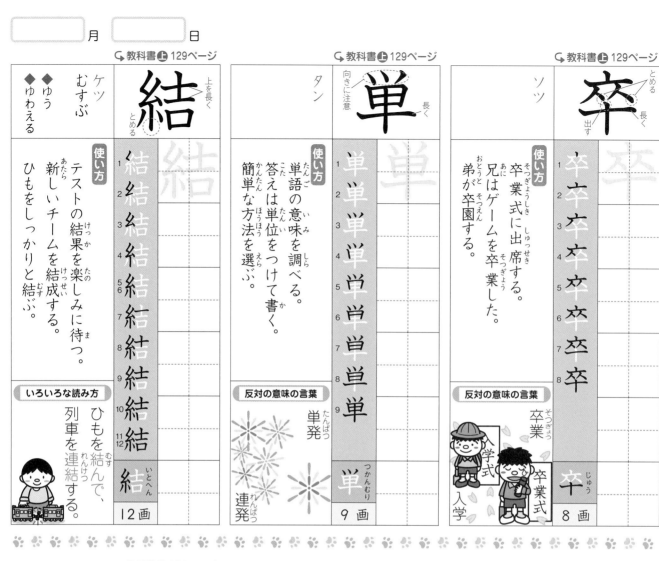

□月　□日

教科書上129ページ

臣

シン
ジン

使い方

臣下《しんか》として仕《つか》える。
多《おお》くの家臣《かしん》をしたがえる。
総理大臣《そうりだいじん》と会《あ》う。

1 臣 2 臣 3 臣 4 臣 5 臣 6 臣 7 臣

部首

「臣」の部首は、「しん」だよ。

漢字全体が部首だね。

臣 しん

7画

教科書上129ページ

街

ガイ
まち
◆カイ

使い方

近《ちか》くの商店街《しょうてんがい》で買《か》い物《もの》をする。
街灯《がいとう》があると安心《あんしん》だ。
学生《がくせい》の多《おお》い街《まち》。

1 街 2 街 3 4 5 街 6 街 7 街 8 街 9 街 10 街 11 街 12 街

部首

「街」の部首は、「ぎょうがまえ」だよ。

街 ぎょうがまえ ゆきがまえ

12画

教科書上129ページ

灯

トウ
◆ひ

使い方

船《ふね》が灯台《とうだい》の光《ひかり》を目印《めじるし》に進《すす》む。
ストーブに灯油《とうゆ》を入《い》れる。
新《あたら》しいけい光灯《こうとう》にかえる。

1 灯 2 灯 3 灯 4 灯 5 灯 6 灯

使い方

電灯《でんとう》のスイッチを切って、消灯《しょうとう》する。

灯 ひへん

6画

漢字クイズ8

答え15ページ

☆漢字のあみだくじです。動物からスタートして、途《と》中にあるカードを組み合わせて、①～⑤にできた漢字を書きましょう。

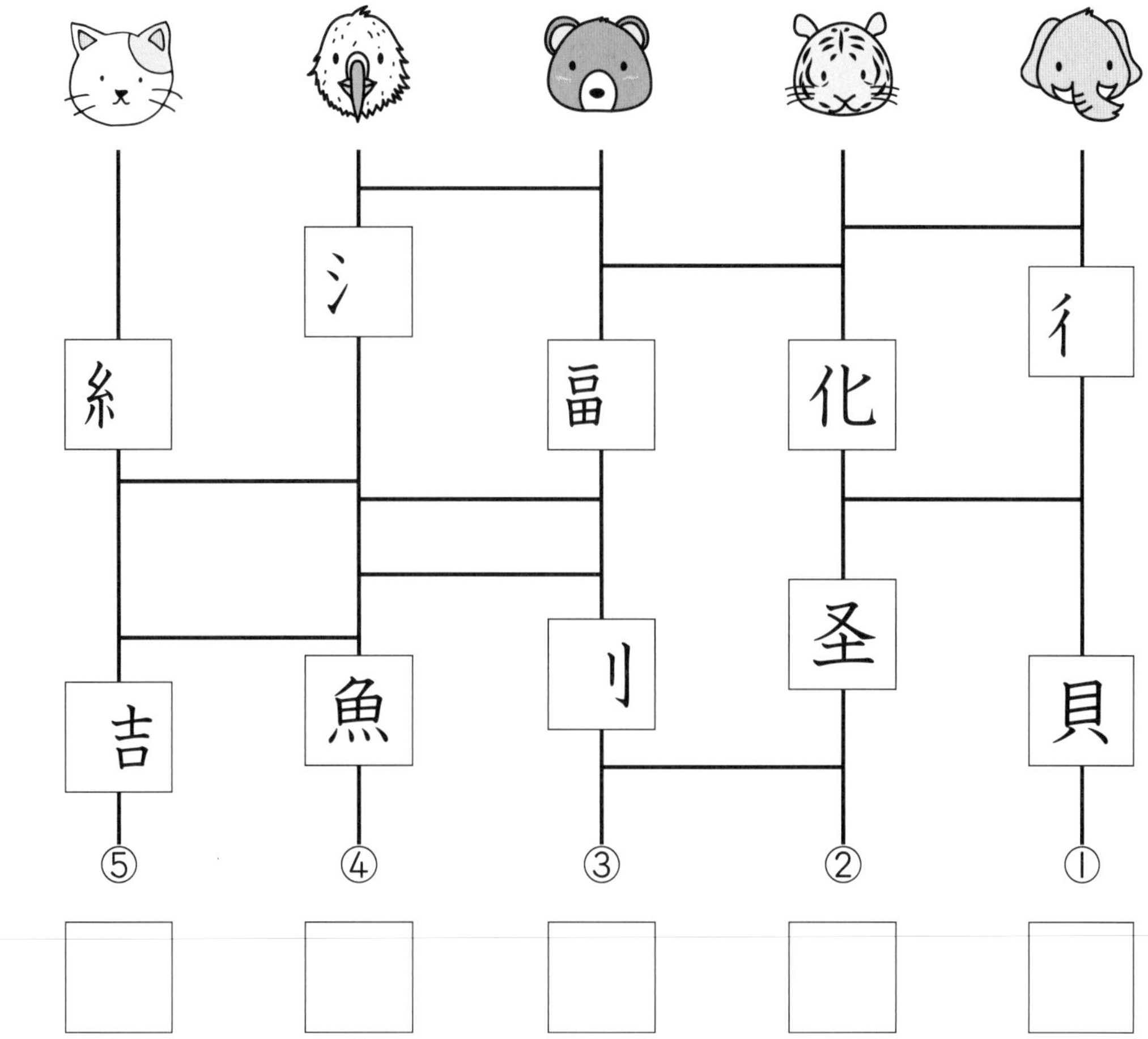

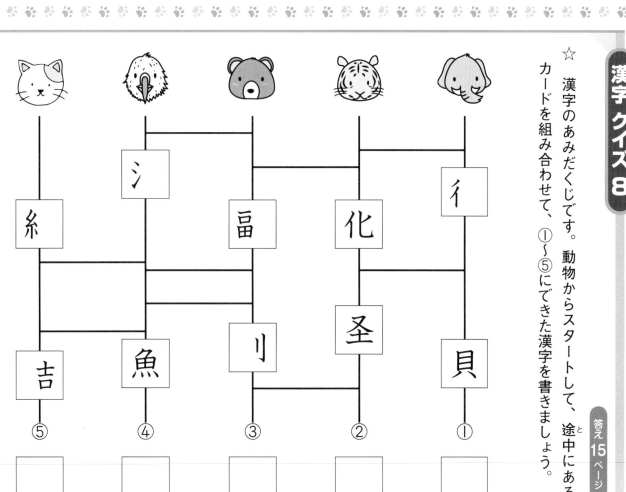

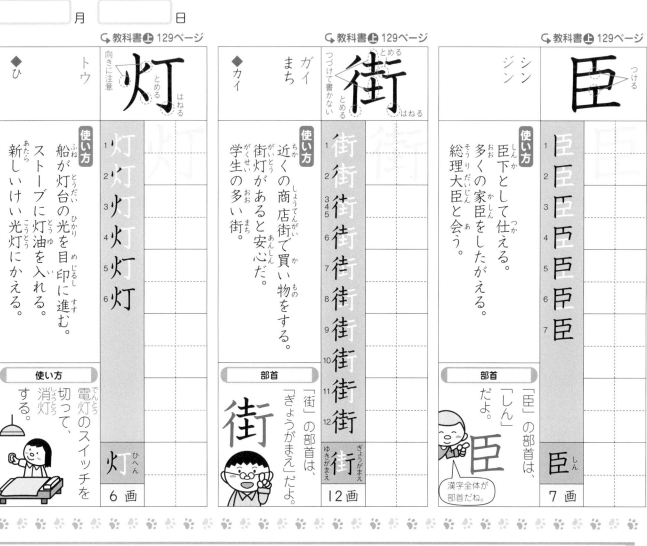

月　日

ぴったり2 練習

ぼくは川／あなたなら、どう言う
パンフレットを読もう
どう直したらいいかな
いろいろな意味をもつ言葉

教科書 上118～129ページ
答え 6ページ

1 ――線の漢字の読みがなを書きましょう。

①（　　）真っ赤なりんご。
②（　　）お姉さんを手伝う。
③（　　）徒競走で一位になる。
④（　　）いすの配置を決める。
⑤（　　）漁港を見学する。
⑥（　　）テーブルに花びんを置く。
⑦（　　）くつひもを結ぶ。
⑧（　　）書店で単行本を買う。

2 □に漢字を書きましょう。

① リーダーが□□《めいれい》する。
② 先生が□□《しゅっけつ》をとる。
③ 円の□□《ちょっけい》を計算する。
④ 家族で□□□《かいすいよく》に行く。
⑤ □□□《そつぎょうしき》に出席する。
⑥ ももの□□《かじつ》をとる。
⑦ 会社の□□□《ふくしゃちょう》。
⑧ □□《だいじん》に指名される。
⑨ ライトが明るく□□《てんとう》する。
⑩ □□□《しょうてんがい》を歩く。
⑪ 力を使い□《は》たす。
⑫ 十の□《くらい》をくり上げる。
⑬ シャワーを□《あ》びる。
⑭ 茶わんのふちが□《か》ける。

□月□日

ぴったり2 練習

ぼくは川／あなたなら、どう言う
パンフレットを読もう
どう直したらいいかな
いろいろな意味をもつ言葉

教科書 上118～129ページ
答え 6ページ

1 ――線の漢字の読みがなを書きましょう。

① 市街地に住んでいる。（　　）
② 多くの家臣がいる。（　　）
③ 大雨けいほうが発令される。（　　）
④ 結局、家に帰ることになった。（　　）
⑤ 妹が卒園する。（　　）
⑥ 円の半径をはかる。（　　）
⑦ 青果売り場でりんごを買う。（　　）
⑧ 臣下として仕える。（　　）

2 □に漢字を書きましょう。

① マグロの□《りょう》が始まる。
② 決め手を□《か》く。
③ 学生の□《まち》に出かける。
④ □□《じゅんい》が発表される。
⑤ 小屋の中に物を□《お》く。
⑥ プールで水を□《あ》びせる。
⑦ □□《たんご》の意味を調べる。

⑧ □□《ぎょぎょう》がさかんな土地。
⑨ 練習でつかれ□《は》てる。
⑩ □□□《ふくかいちょう》になる。
⑪ 船が□□《とうだい》を目指す。
⑫ 地平線の□《は》てを見つめる。
⑬ かぜで学校を□□《けっせき》する。
⑭ ストーブに□□《とうゆ》を入れる。

月　日

ぴったり1 じゅんび

ローマ字を使いこなそう

教科書 上130〜131ページ

新しく学習する漢字

英 参 唱 塩 治 刷

教科書上131ページ

英

エイ

少し出す　長く　はらう

使い方

英会話《えいかいわ》学校《がっこう》に通《かよ》う。
国《くに》の英《えい》ゆうになる。
休日《きゅうじつ》に英気《えいき》を養《やしな》う。

漢字の意味

「英」には、イギリスという意味もある。

英 くさかんむり　8画

教科書上131ページ

参

サン
まいる

向きと長さに注意　はらう

使い方

友達《ともだち》の意見《いけん》を参考《さんこう》にする。
母《はは》が授業参観《じゅぎょうさんかん》に来《く》る。
お宮参《みやまい》りに行く。

字の形に注意

参

「ミ」と書かないようにね。

参 む　8画

教科書上130ページ

唱

ショウ
となえる

「日」にしない　大きく

使い方

合唱《がっしょう》コンクールに出場《しゅつじょう》する。
有名《ゆうめい》な詩《し》を暗唱《あんしょう》する。
学者《がくしゃ》が新《あたら》しい説《せつ》を唱《とな》える。

部首

「唱」の部首は、「くちへん」だよ。

唱

「日」ではないんだね。

唱 くちへん　11画

教科書上130ページ

塩

エン
しお

「日」にしない

使い方

塩分《えんぶん》をひかえめに料理《りょうり》する。
こい食塩水《しょくえんすい》を作《つく》る。
海水《かいすい》は塩《しお》からい。

字の形に注意

塩

「日」と書かないようにしよう。

塩 つちへん　13画

教科書上130ページ

治

ジ　チ
おさめる
おさまる
なおる
なおす

向きに注意　下につき出さない

使い方

ゴキブリを退治《たいじ》する。
治安《ちあん》のよい町《まち》に住《す》む。
かぜがすっかり治《なお》る。

いろいろな読み方

全治《ぜんち》一週間のけがが治《なお》る。

治 さんずい　8画

月　日

教科書上130ページ

刷

サツ
する

とめる
つける
はねる
とめる

1 2 3 4 5 6 7 8

使い方

プリントを印刷《いんさつ》する。
紙面《しめん》を刷新《さっしん》する。
新聞《しんぶん》を刷《す》る機械《きかい》。

部首

「刷」の部首は、「りっとう」だよ。

刷　りっとう

「巾」とまちがえないでね。

8画

読み方が新しい漢字

漢字	読み方	使い方	前に出た読み方
考	コウ	参考《さんこう》になる話《はなし》	考《かんが》える

漢字クイズ9

答え15ページ

☆次の□には同じ漢字が入ります。当てはまる漢字を考えて書きましょう。

① □心　□係　□所　□わり　□

② □合　□食　高校入□　□みる　□

③ 地□　熱□　□びる　□をむすぶ　□

③が少しむずかしいね。三つ目は「熱を□びる。」のように使うよ。

ローマ字を使いこなそう

教科書 上130〜131ページ
答え 7ページ

月　　日

1 ――線の漢字の読みがなを書きましょう。

① 姉は英語を話す。（　　）
② 新しいおもちゃを考案する。（　　）
③ 父が授《じゅ》業参観に来る。（　　）
④ 合唱曲を歌う。（　　）
⑤ 全治二週間のけがだ。（　　）
⑥ 神社にお参りする。（　　）
⑦ 休んで英気を養う。（　　）
⑧ やり方を刷新する。（　　）

2 □に漢字を書きましょう。

① 料《りょう》理の□□《えんぶん》をひかえる。
② この町は□□《ちあん》がよい。
③ 新聞を□□《いんさつ》する。
④ 新しい説を□《とな》える。
⑤ 国を□《おさ》める。
⑥ 木版《はん》画を□《す》る。
⑦ □□《しおけ》の多い食事が出る。

⑧ 詩を□□《あんしょう》する。
⑨ けがのいたみが□《おさ》まる。
⑩ □□□《しょくえんすい》を作る。
⑪ 母の意見を□□《さんこう》にする。
⑫ 政《せい》□《じ》家に話を聞く。
⑬ 海の水は□《しお》からい。
⑭ 入院して病気を□《なお》す。

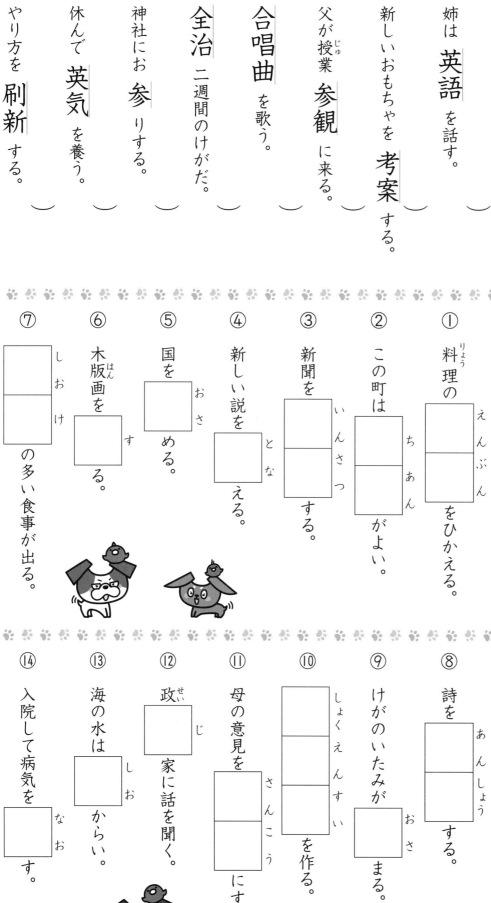

ぴったり2 練習

漢字の広場③ 3年生で習った漢字

教科書 上132ページ　答え 7ページ

月　　日

1 ――線の漢字の読みがなを書きましょう。

① さいふを落とす。（　　）
② ふすまを開ける。（　　）
③ 海岸にそって歩く。（　　）
④ とても美しい花。（　　）
⑤ 父が酒を買いに行く。（　　）
⑥ ここからバスに乗る。（　　）
⑦ 黒い雨雲が去る。（　　）
⑧ 船がまっすぐ進む。（　　）

2 □に漢字を書きましょう。

① □□《こうふく》な人生を送る。
② □《さら》に料《りょう》理をもる。
③ □《くら》い夜道を歩く。
④ 夏の□《お》わりに花火大会がある。
⑤ おくれないように□《いそ》ぐ。
⑥ お茶を□《の》む。
⑦ 今日は天気が□《わる》い。

⑧ □□□《たまてばこ》を開ける。
⑨ 親切にされたお□《れい》を言う。
⑩ 小石が□《ころ》がる。
⑪ □《かな》しい話を聞く。
⑫ この川はとても□《ふか》い。
⑬ 前にいる走者を□《お》う。
⑭ テストを□《う》ける。

月　日

ぴったり1 じゅんび

ごんぎつね　言葉を分類しよう

教科書 下13〜35ページ

新しく学習する漢字

変　末　種　続　折　積　松　不　議　差　念　固　便　博　浅

教科書 下 13ページ

変（つける　とめる　はねる）

ヘン
かわる
かえる

使い方
季節《きせつ》の変化《へんか》を体《からだ》で感《かん》じる。
空《そら》の色《いろ》が変《か》わる。
進《すす》む方向《ほうこう》を変《か》える。

いろいろな読み方
天気が急変《きゅうへん》し、雲の形が変《か》わる。

変（すいにょう　ふゆがしら）　9画

教科書 下 13ページ

末（上を長く　はらう　とめる）

マツ
すえ
◆バツ

使い方
年末《ねんまつ》に家《いえ》の大《おお》そうじをする。
いらない物《もの》を始末《しまつ》する。
ぼくは末《すえ》っ子《こ》だ。

形のにた漢字
週末《しゅうまつ》
未定《み》

木（き）　5画

教科書 下 14ページ

種（とめる　長く）

シュ
たね

使い方
二《ふた》つの種目《しゅもく》に出場《しゅつじょう》する。
種子《しゅし》から芽《め》が出《で》る。
手品《てじな》の種明《たねあ》かしをする。

いろいろな読み方
新種《しんしゅ》の花の種《たね》をまく。

種（のぎへん）　14画

教科書 下 15ページ

続（つけない　上を長く　とめる　はねる）

ゾク
つづく
つづける

使い方
インターネットに接続《せつぞく》する。
本《ほん》の続《つづ》きが気《き》になる。
夜中《よなか》まで話《はな》し続《つづ》ける。

形のにた漢字
続《つづ》き
読む

続（いとへん）　13画

教科書 下 21ページ

折（はねる）

セツ
おる
おり
おれる

使い方
角《かど》を左折《させつ》する。
願《ねが》いをこめてつるを折《お》る。
折《おり》をみて話《はな》す。

いろいろな読み方
右折《うせつ》した所にある店で折《お》り紙《がみ》を買う。

折（てへん）　7画

月　日

教科書下23ページ

積

セキ
つむ
つもる

やや長く　とめる

使い方
長方形《ちょうほうけい》の面積《めんせき》を求《もと》める。
土《つち》を積《つ》んだトラックが走《はし》る。
ちりも積《つ》もれば山《やま》となる。

1 積 2 積 3 4 5 積 6 7 積 8 9 積 10 11 積 12 13 積 14 積 15 積 16 積

いろいろな読み方
積極的《せっきょくてき》に積《つ》み木《き》で遊ぶ。

禾 のぎへん　16画

教科書下25ページ

松

ショウ
まつ

あける　とめる

使い方
松竹梅《しょうちくばい》の絵《え》をかく。
目《め》の前《まえ》に松林《まつばやし》が広《ひろ》がる。
正月《しょうがつ》に家《いえ》の前《まえ》に門松《かどまつ》を置《お》く。

1 松 2 松 3 松 4 松 5 松 6 松 7 松 8 松

使い方
松林《まつばやし》を松葉《まつば》づえをついて歩く。

木 きへん　8画

教科書下26ページ

不

フ
ブ

つけない　とめる

使い方
不注意《ふちゅうい》でけがをする。
不便《ふべん》な所《ところ》に住《す》む。
不器用《ぶきよう》な人《ひと》。

1 不 2 不 3 不 4 不

反対の意味の言葉
不作《ふさく》

豊作《ほうさく》

一 いち　4画

教科書下26ページ

議

ギ

わすれない　はねる

使い方
みんなで議論《ぎろん》して決《き》める。
会議室《かいぎしつ》に集《あつ》まる。
多数決《たすうけつ》で議長《ぎちょう》を選《えら》ぶ。

1 議 2 議 3 4 議 5 6 7 議 8 9 10 議 11 12 13 議 14 15 議 16 17 議 18 19 議 20 議

字の形に注意

言 ごんべん　20画

教科書下27ページ

差

サ
さす

つけるところに注意　長く　長く

使い方
兄《あに》と身長《しんちょう》の差《さ》があまりない。
交差点《こうさてん》で友達《ともだち》と別《わか》れる。
手紙《てがみ》を差《さ》し出《だ》す。

1 差 2 差 3 差 4 差 5 差 6 差 7 差 8 差 9 差 10 差

いろいろな読み方
大差《たいさ》で勝ったチームに差《さ》し入《い》れをする。

工 たくみ　10画

教科書下27ページ

念

ネン

つける　はねる

使い方
念入《ねんい》りにそうじする。
雨《あめ》で中止《ちゅうし》になって残念《ざんねん》だ。
学校《がっこう》の創立記念日《そうりつきねんび》。

1 念 2 念 3 念 4 念 5 念 6 念 7 念 8 念

言葉の意味
念《ねん》をおす
まちがいがないかをたしかめること。

心 こころ　8画

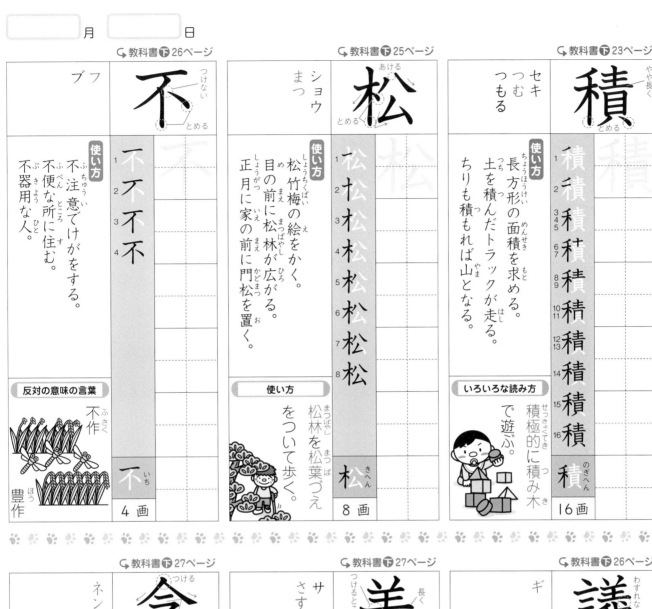

月　日

固

教科書下30ページ

固（あける）

コ
かためる
かたまる
かたい

使い方
台《だい》に固定《こてい》する。
土《つち》を固《かた》めてだんごを作《つく》る。
友達《ともだち》と固《かた》い約束《やくそく》をかわす。

1 2 3 4 5 6 7 8

囗　くにがまえ
8画

いろいろな読み方

ねんどで固《かた》めて、固定《こてい》する。

便

教科書下35ページ

便（つき出さない／はらう／つき出す）

ベン
ビン
たより

使い方
便所《べんじょ》そうじの当番《とうばん》に当《あ》たる。
郵便局《ゆうびんきょく》で切手《きって》を買《か》う。
友達《ともだち》から便《たよ》りがとどく。

1 2 3 4 5 6 7 8 9

亻　にんべん
9画

字の形に注意

つき出さないよ！
便

博

教科書下35ページ

博（9画目に書く／つき出す／とめる／はねる）

ハク
◆バク

使い方
家族《かぞく》で博物館《はくぶつかん》に行《い》く。
万国博覧会《ばんこくはくらんかい》が開《ひら》かれる。
姉《あね》は博学《はくがく》だ。

1 2 3 4 5 6 7 8 9 10 11 12

十　じゅう
12画

字の形に注意

わすれないようにしよう。
博

浅

教科書下35ページ

浅（わすれない／向きに注意／はねる）

あさい
◆セン

使い方
浅《あさ》い川《かわ》で水遊《みずあそ》びをする。
浅《あさ》せでカニをつかまえる。
転校《てんこう》してから日《ひ》が浅《あさ》い。

1 2 3 4 5 6 7 8 9

氵　さんずい
9画

反対の意味の言葉

浅《あさ》い
深い

読み方が新しい漢字

漢字	読み方	使い方	前に出た読み方
家	や	わが家《や》は古《ふる》い	家《いえ》　発明家《はつめいか》　家来《けらい》
小	お	小川《おがわ》で遊《あそ》ぶ	小《ちい》さい　小刀《こがたな》　小学校《しょうがっこう》
思	シ	不思議《ふしぎ》な世界《せかい》	思《おも》う

月　日

ぴったり2 練習

ごんぎつね
言葉を分類しよう

教科書 下13～35ページ
答え 7ページ

1 ――線の漢字の読みがなを書きましょう。

① かかったお金を折半する。（　　）
② 菜種から油をとる。（　　）
③ 空き家がふえている。（　　）
④ 雨がふり続く。（　　）
⑤ 水で土を固める。（　　）
⑥ 暗がりに光が差す。（　　）
⑦ 折よく、父が帰ってきた。（　　）
⑧ 松たけが店頭にならぶ。（　　）

2 □に漢字を書きましょう。

① お□《ねん》仏《ぶつ》を唱える。
② 物語の□□《けつまつ》におどろく。
③ □《しょう》竹《ちく》梅のめでたい絵。
④ □□《ふあん》な気持ちになる。
⑤ 妹が□《つ》み木で遊ぶ。
⑥ 魔《ま》法の力で□□《へんしん》する。
⑦ □□《おがわ》で水をくむ。

⑧ 市の□□《ぎかい》で話し合う。
⑨ 三人兄弟の□《すえ》っ子だ。
⑩ 植物には多くの□□《しゅるい》がある。
⑪ 兄は□□□《ぶきよう》だ。
⑫ □□《べんり》な道具を作る。
⑬ 季節がうつり□《か》わる。
⑭ 運動会の□□《しゅもく》を決める。

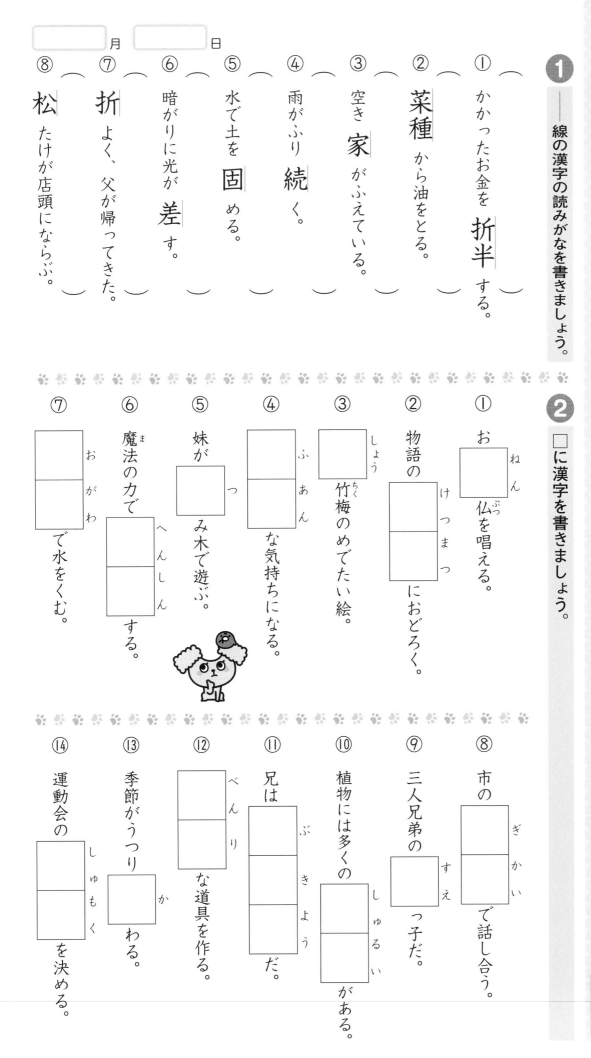

ごんぎつね
言葉を分類しよう

月　　日

1 ――線の漢字の読みがなを書きましょう。

① 他の方法を思案する。（　　）
② 前を走る人との差が広がる。（　　）
③ 落ち葉がふり積もる。（　　）
④ 後続のランナーが追いつく。（　　）
⑤ 決意が固まる。（　　）
⑥ 体積を計算する。（　　）
⑦ 交差点で車が曲がる。（　　）
⑧ 文具店で便せんを買う。（　　）

2 □に漢字を書きましょう。

① 草のくきをふみ□《お》る。
② □□《ぶんまつ》の書き方をそろえる。
③ 人手が□□《ふそく》している。
④ □□《ぎだい》に取り上げる。
⑤ 父はがん□《こ》な性格《せいかく》だ。
⑥ いそがしいので予定を□《か》える。
⑦ 今年は□□□《せきせつりょう》が多い。

⑧ 先生が話を□《つづ》ける。
⑨ 空の色が□□《へんか》する。
⑩ □□《きねん》に写真をとる。
⑪ □□《まつばやし》の中を歩く。
⑫ 父と□□□《はくぶつかん》をめぐる。
⑬ 水の深さが□《あさ》い場所で泳ぐ。
⑭ 旅先から□《たよ》りがとどく。

教科書 下13～35ページ
答え 7ページ

月　日

ぴったり1 じゅんび

漢字を正しく使おう クラスみんなで決めるには

教科書 下36〜46ページ

新しく学習する漢字

倉　札　孫　功　加　牧　借　挙　協　極　求

教科書 下 36ページ

倉

ソウ　くら

（つける・横に出さない）

使い方

倉庫《そうこ》にマットをしまう。
日本《にっぽん》の穀倉地帯《こくそうちたい》。
米《こめ》を倉《くら》にたくわえる。

熟語《じゅく》の成り立ち

「倉庫《そうこ》」は、にた意味の漢字を組み合わせた熟語です。

1 2 3 4 5 6 7 8 9 10 倉

倉 ひとやね　10画

教科書 下 36ページ

札

サツ　ふだ

（とめる・上にはねる）

使い方

駅《えき》の改札口《かいさつぐち》で待《ま》ち合《あ》わせる。
千円札《せんえんさつ》を数《かぞ》える。
服《ふく》に名札《なふだ》を付《つ》ける。

形のにた漢字

1 2 3 4 5 札

札 きへん　5画

教科書 下 36ページ

孫

ソン　まご

（わすれない・はねる・とめる）

使い方

子孫《しそん》を残《のこ》すためにたまごを産《う》む。
孫《まご》に会《あ》うのを楽《たの》しみにする。
ひ孫《まご》が生《う》まれる。

形のにた漢字

1 2 3 4 5 6 7 8 9 10 孫

孫 こへん　10画

教科書 下 36ページ

功

コウ　◆ク

（つくりより小さく・はらう・はねる）

使い方

りっぱな功績《こうせき》を残《のこ》す。
三回目《さんかいめ》で成功《せいこう》する。
かめの甲《こう》より年《とし》の功《こう》。

字の形に注意

1 2 3 4 5 功

功 ちから　5画

教科書 下 36ページ

加

カ　くわえる　くわわる

（はねる・へんより小さく）

使い方

イチゴを加工《かこう》してジャムにする。
一《いち》に五《ご》を加《くわ》える。
遊《あそ》び仲間《なかま》に加《くわ》わる。

反対の意味の言葉

1 2 3 4 5 加

加 ちから　5画

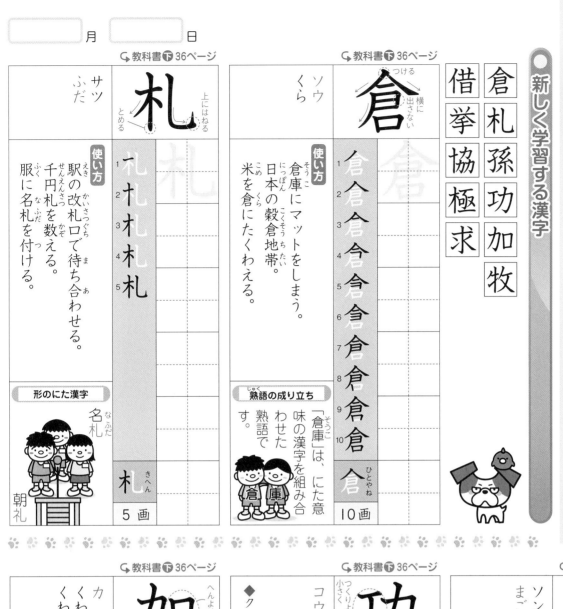

月　　日

教科書下36ページ

牧

ボク
◆まき

とめる　はらう

使い方
牧場《ぼくじょう》で牛《うし》を見《み》る。
遊牧民族《ゆうぼくみんぞく》をたずねる。
馬《うま》が牧草《ぼくそう》を食《た》べる。

部首
「牧」の部首は、「うしへん」だよ。
牧

「攵」ではないよ！

牧《うしへん》
8画

教科書下37ページ

借

シャク
かりる

下を長く　とめる

使い方
借地《しゃくち》に家《いえ》を建《た》てる。
銀行《ぎんこう》から借金《しゃっきん》をする。
友達《ともだち》の知《ち》えを借《か》りる。

反対の意味の言葉

借《か》りる
貸《か》す

借《にんべん》
10画

教科書下43ページ

挙

キョ
あげる
あがる

向きに注意　はらう　はねる

使い方
授業中《じゅぎょうちゅう》は挙手《きょしゅ》をして答《こた》える。
選挙《せんきょ》に出馬《しゅつば》する。
例《れい》を挙《あ》げて説明《せつめい》する。

字の形に注意

「⺍」と書かないように気をつけよう。
挙

手《て》
10画

教科書下44ページ

協

キョウ

少し大きく　はねる　とめる

使い方
協力《きょうりょく》して作品《さくひん》を仕上《しあ》げる。
外国《がいこく》と協定《きょうてい》を結《むす》ぶ。
住民《じゅうみん》が協同《きょうどう》して行《おこな》う。

部首
「協」の部首は、「じゅう」だよ。
協

「力」ではないんだね。

協《じゅう》
8画

教科書下45ページ

極

キョク
◆ゴク
◆きわめる
◆きわまる
◆きわみ

形に注意　とめる　はねる

使い方
夜空《よぞら》に北極星《ほっきょくせい》を見《み》つける。
極《きょく》たんな言《い》い方《かた》をする。
間《ま》に合《あ》うよう極力《きょくりょく》努《つと》める。

対《つい》になる言葉
北極《ほっきょく》

南極《なんきょく》

極《きへん》
12画

教科書下46ページ

求

キュウ
もとめる

わすれない　はねる

使い方
多《おお》くのことは要求《ようきゅう》しない。
求人広告《きゅうじんこうこく》を見《み》る。
助《たす》けを求《もと》めて声《こえ》を上《あ》げる。

字の形に注意
求

「フ」ではないよ。

求《みず》
7画

月　日

読み方が新しい漢字

漢字	読み方	使い方	前に出た読み方
読	トク	読本《とくほん》を読《よ》む	読《よ》む・読点《とうてん》 読書《どくしょ》
明	ミョウ	明後日《みょうごにち》に行《い》く	明暗《めいあん》 明《あ》かり 明《あか》るむ 明《あか》らむ 明《あか》るい 明《あき》らか 明《あ》ける 明《あ》く 明《あ》くる 明《あ》かす
米	ベイ	米作《べいさく》にはげむ	お米《こめ》 新米《しんまい》
戸	コ	戸外《こがい》に出《で》る	雨戸《あまど》
木	こ	木《こ》かげで休《やす》む	木《き》 木曜日《もくようび》
半	なかば	十月《じゅうがつ》の半《なか》ば	半分《はんぶん》

漢字クイズ 10

答え15ページ

☆ 次の文で送りがなが正しいのはどちらでしょう。正しいほうに○をつけましょう。

① シャワーを（　）浴る。（　）浴びる。

② 手を（　）挙げる。（　）挙る。

③ 塩を（　）加える。（　）加わえる。

④ 色が（　）変わる。（　）変る。

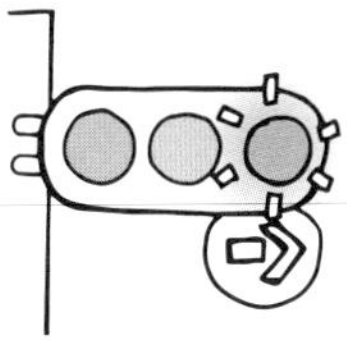

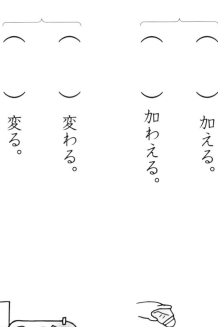

□月□日

ぴったり2 練習

漢字を正しく使おう
クラスみんなで決めるには

教科書 下36～46ページ
答え 8ページ

1 ――線の漢字の読みがなを書きましょう。

① 道のりの半ばまで進む。（　　）
② 木かげで休けいする。（　　）
③ むねに名札を付ける。（　　）
④ 戸外に出て空を見る。（　　）
⑤ 米作農業がさかんだ。（　　）
⑥ 古い読本を見つける。（　　）
⑦ 明後日に出発する。（　　）
⑧ おじいさんが孫と遊ぶ。（　　）

2 □に漢字を書きましょう。

① 道具を□□《そうこ》にしまう。
② 千円□《さつ》を使う。
③ 一族の□□《しそん》が栄える。
④ 実験《けん》が□□《せいこう》する。
⑤ 少し油を□《くわ》える。
⑥ □□《ぼくじょう》で牛を育てる。
⑦ 手を□《あ》げて発言する。

⑧ 友達に消しゴムを□《か》りる。
⑨ 理想の美を□□《ついきゅう》する。
⑩ □□《きょうりょく》してそうじをする。
⑪ □□《なんきょく》をたんけんする。
⑫ 広く意見を□《もと》める。
⑬ ダンスに□□《さんか》する。
⑭ ペンを□□《しゃくよう》する。

月　　日

ぴったり1 じゅんび

未来につなぐ工芸品／慣用句《かんようく》 短歌・俳句《はいく》に親しもう（二）

教科書 下47〜63ページ

新しく学習する漢字

未 芸 各 料 然 仲 労 焼 冷 照

教科書下47ページ

未

ミ

（下を長く／はらう／とめる）

使い方

未来《みらい》のことは分《わ》からない。
出発《しゅっぱつ》の時間《じかん》は未定《みてい》です。
未知《みち》の生物《せいぶつ》に出会《であ》う。

木《き》　5画

反対の意味の言葉

未成年《みせいねん》
成年

教科書下47ページ

芸

ゲイ

（長く／とめる）

使い方

学芸会《がくげいかい》で発表《はっぴょう》する。
民芸品《みんげいひん》をおみやげに買《か》う。
園芸《えんげい》を楽《たの》しむ。

芸 くさかんむり　7画

言葉の意味

芸《げい》がない
おもしろみがないこと。

教科書下48ページ

各

カク
◆おのおの

（つける／はらう／はらう）

使い方

日本《にっぽん》の各地《かくち》を旅《たび》する。
世界各国《せかいかっこく》の人々《ひとびと》が集《あつ》まる。
わすれ物《もの》に各自《かくじ》気をつける。

口《くち》　6画

字の形に注意

各

教科書下50ページ

料

リョウ

（向きに注意／とめる）

使い方

家《いえ》で料理《りょうり》を手伝《てつだ》う。
バスの料金《りょうきん》をはらう。
大豆《だいず》はみその原料《げんりょう》となる。

斗 とます　10画

形のにた漢字

理科
肥料《ひりょう》

教科書下52ページ

然

ゼン
ネン

（「タ」にしない／わすれない／向きに注意）

使い方

自然《しぜん》と共《とも》に生《い》きる。
妹《いもうと》にやさしくするのは当然《とうぜん》だ。
天然記念物《てんねんきねんぶつ》に指定《してい》される。

灬 れっか（れんが）　12画

反対の意味の言葉

自然《しぜん》
人工

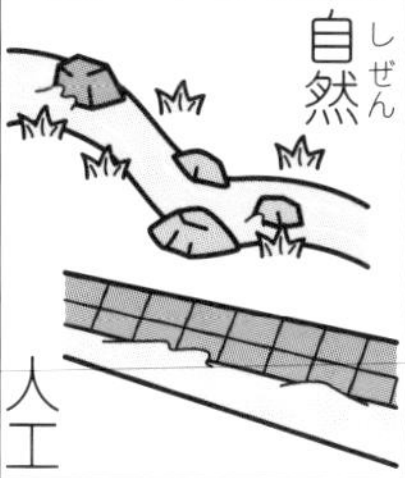

月　日

教科書下61ページ

仲

とめる

なか
◆チュウ

使い方

クラスの仲間《なかま》と協力《きょうりょく》する。
仲《なか》の良《よ》い三人組《さんにんぐみ》です。
友達《ともだち》と仲直《なかなお》りをする。

1 仲 2 仲 3 仲 4 仲 5 仲 6 仲

形のにた漢字

中学校

仲間《なかま》

仲 にんべん

6画

教科書下61ページ

労

向きに注意　はねる

ロウ

使い方

苦労《くろう》して絵《え》を完成《かんせい》させる。
労力《ろうりょく》をおしまず働《はたら》く。
労《ろう》をねぎらう。

1 労 2 労 3 労 4 労 5 労 6 労 7 労

字の形に注意

「⺍」と書きまちがえないでね。

労

労 ちから

7画

教科書下61ページ

焼

つけない　上にはねる　とめる

やく
やける
◆ショウ

使い方

母《はは》とクッキーを焼《や》く。
家族《かぞく》で焼《や》き肉《にく》を食《た》べる。
海《うみ》へ行《い》って日焼《ひや》けする。

1 焼 2 焼 3 焼 4 焼 5 焼 6 焼 7 焼 8 9 焼 10 焼 11 12 焼

字の形に注意

形に注意しよう！

焼

焼 ひへん

12画

教科書下61ページ

冷

「氵」にしない　はらう

レイ
つめたい
ひえる
ひや
ひやす
ひやかす
さめる
さます

使い方

冷《れい》ぞう庫《こ》にお茶《ちゃ》を入《い》れる。
夜風《よかぜ》がとても冷《つめ》たい。
すいかを川《かわ》で冷《ひ》やす。

1 冷 2 冷 3 冷 4 冷 5 冷 6 冷 7 冷

反対の意味の言葉

冷《つめ》たい

熱い

冷 にすい

7画

教科書下63ページ

照

はねる　向きに注意

ショウ
てる
てらす
てれる

使い方

照明《しょうめい》のスイッチを入《い》れる。
少《すこ》し日《ひ》が照《て》る。
月《つき》が庭《にわ》を照《て》らす。

1 照 2 照 3 4 照 5 照 6 照 7 照 8 照 9 照 10 照 11 12 13 照

いろいろな読み方

照明《しょうめい》で主人公を照《て》らす。

照 れっか れんが

13画

読み方が新しい漢字

漢字	読み方	使い方	前に出た読み方
自	シ	自然《しぜん》を守《まも》る	自分《じぶん》
色	シキ	色紙《しきし》を買《か》う	三色《さんしょく》 黄色《きいろ》い

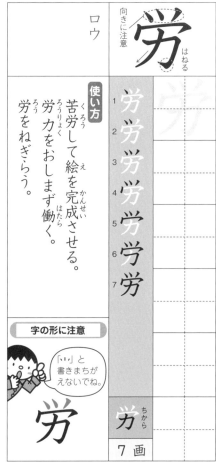

月　日

ぴったり2 練習

未来につなぐ工芸品／慣用句《かんようく》
短歌・俳句《はいく》に親しもう（二）

教科書 下47〜63ページ
答え 8ページ

1 ―線の漢字の読みがなを書きましょう。

① 未来の社会を予想する。（　）
② 伝統《とう》工芸を学ぶ。（　）
③ 台所で料理を作る。（　）
④ 冷たいジュースを飲む。（　）
⑤ 母は園芸がしゅみだ。（　）
⑥ 未知の生物を発見する。（　）
⑦ 氷で頭を冷やす。（　）
⑧ 食品の原料を調べる。（　）

2 □に漢字を書きましょう。

① □□《かくち》の気温を伝える。
② キャンプで□□《しぜん》に親しむ。
③ 熱いお茶を□《さ》ます。
④ □《なか》の良い親子だ。
⑤ グリルで魚を□《や》く。
⑥ □□《くろう》して作品を作る。
⑦ 部屋の□□《しょうめい》をつける。

⑧ 仏像《ぶつぞう》が□□《こんじき》にかがやく。
⑨ □□《かんれい》な地方が春になる。
⑩ 光が足元を□《て》らす。
⑪ □□《てんねん》のアユをつる。
⑫ □□《しきし》にサインを書く。
⑬ □□《なかま》を集める。
⑭ □□《ろうどう》時間が長い。

月　日

ぴったり2 練習

未来につなぐ工芸品／慣《かん》用句《く》 短歌・俳《はい》句《く》に親しもう（二）

教科書
下47～63ページ
答え
8ページ

1 ——線の漢字の読みがなを書きましょう。

① 弟を冷やかす。（　）
② 世界各国を旅する。（　）
③ 労力をおしまず働く。（　）
④ 海に行き、日に焼ける。（　）
⑤ 各自で意見を考える。（　）
⑥ 北風で体が冷える。（　）
⑦ 心労が重なる。（　）
⑧ コップのお茶が冷める。（　）

2 □に漢字を書きましょう。

① □□《とうぜん》の結果になる。
② 集合時間は□□《みてい》だ。
③ 工作の□□《ざいりょう》を集める。
④ □□□《がくげいかい》で発表する。
⑤ 友達と□《なか》直りする。
⑥ まどから□□《れいき》が入る。
⑦ いすを□□《せいぜん》とならべる。

⑧ バスの□□《りょうきん》をはらう。
⑨ □□《れいせい》に決める。
⑩ 人前で話して□《て》れる。
⑪ □□《しゅげい》を教えてもらう。
⑫ 兄は□□□《みせいねん》だ。
⑬ 炭酸《さん》□□《いんりょう》を買う。
⑭ 日□《で》りが続く。

ぴったり2 練習

漢字の広場④ 3年生で習った漢字

教科書 下64ページ
答え 8ページ

月　　日

1 ——線の漢字の読みがなを書きましょう。

①（　　）係のリーダーになる。

②（　　）友達にノートを返す。

③（　　）起立して校歌を歌う。

④（　　）教室に世界地図をはる。

⑤（　　）おじいさんから昔の話を聞く。

⑥（　　）笛をふいて小鳥をよぶ。

⑦（　　）父は昭和生まれだ。

⑧（　　）実物の金メダルを見たい。

2 □に漢字を書きましょう。

① 売り上げが去年の□《ばい》になった。

② アンデルセンの□□《どうわ》。

③ □《つぎ》は音楽の時間です。

④ 急に□□《はなぢ》が出る。

⑤ 司会に□□《しめい》された。

⑥ □□□《たいいくかん》に集合する。

⑦ □□□□《としょいいん》になる。

⑧ 正方形の□□《めんせき》を計算する。

⑨ 本を読んで□□《かんそう》を書く。

⑩ ねる前に□《は》をみがく。

⑪ 母が□□《しごと》に出かける。

⑫ 理科の□□《もんだい》をとく。

⑬ 荷物が□《かる》い。

⑭ 兄に□□《そうだん》する。

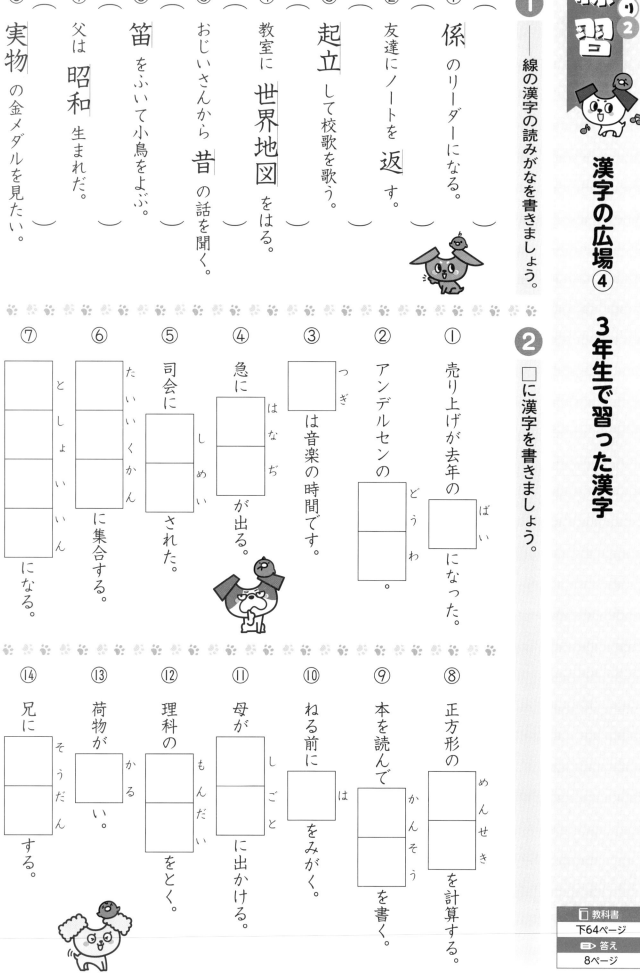

月　日

ぴったり1 じゅんび

友情《じょう》のかべ新聞
もしものときにそなえよう
冬の楽しみ

教科書 下65～91ページ

新しく学習する漢字

好 最 省 課 無 側 改 周 害

教科書 下 65ページ

好（少し出す・とめる・はねる）

コウ
このむ
すく

使い方
ぼくの好物《こうぶつ》はカレーです。
自分《じぶん》の好《この》みの色《いろ》を言《い》う。
好《す》き勝手《かって》に行動《こうどう》する。

反対の意味の言葉

好調《こうちょう》
不《ふ》調

好　おんなへん　6画

教科書 下 66ページ

最（長く・つけない・はらう）

サイ
もっとも

使い方
最新《さいしん》のニュースを見《み》る。
最強《さいきょう》のチームを作《つく》る。
世界《せかい》で最《もっと》も高《たか》い山《やま》を調《しら》べる。

いろいろな読み方

最近《さいきん》、最《もっと》もうれしかったこと。

最　ひらび（いわく）　12画

教科書 下 68 ページ

省（はねる・つける・「日」にしない）

セイ
ショウ
はぶく
◆かえりみる

使い方
反省《はんせい》をしてあやまる。
長《なが》い文《ぶん》を省略《しょうりゃく》して書《か》く。
むだを省《はぶ》く。

字の形に注意

省

省　め　9画

教科書 下 69ページ

課（一画で書く・とめる・はらう）

カ

使い方
課題《かだい》をわすれずに提出《ていしゅつ》する。
散歩《さんぽ》を日課《にっか》にする。
放課後《ほうかご》に校庭《こうてい》で遊《あそ》ぶ。

形のにた漢字

果実

課外活動《かがいかつどう》

課　ごんべん　15画

教科書 下 69ページ

無（長く・向きに注意）

ム
ブ
ない

使い方
年中無休《ねんじゅうむきゅう》の店《みせ》に行《い》く。
旅行《りょこう》から無事《ぶじ》に帰《かえ》る。
何《なに》も無《な》い部屋《へや》。

反対の意味の言葉

無料《むりょう》

有料

無　れんが（れっか）　12画

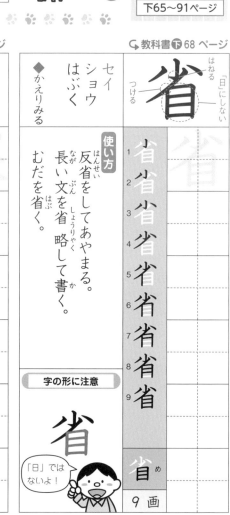

月　　日

教科書下70ページ

側

ソク
がわ〈かわ〉

とめる　はねる

側側側側側側側側側側側（1〜11）

使い方

箱《はこ》の側面《そくめん》がへこむ。
大臣《だいじん》が側近《そっきん》をともない外出《がいしゅつ》する。
両側《りょうがわ》のドアを開《あ》ける。

部首

「側」の部首は、「にんべん」だよ。

亻　にんべん
11画

教科書下73ページ

改

カイ
あらためる
あらたまる

あける　とめる　はらう

改改改改改改改（1〜7）

使い方

駅《えき》の改札口《かいさつぐち》で待《ま》ち合《あ》わせる。
改《あらた》めてうかがいます。
改《あらた》まった顔《かお》をする。

送りがな

攵　のぶん　ぼくづくり
7画

教科書下78ページ

周

シュウ
まわり

下を長く　はらう　はねる

周周周周周周周周（1〜8）

使い方

運動場《うんどうじょう》を五周《ごしゅう》走《はし》る。
危険《きけん》を周囲《しゅうい》に知《し》らせる。
木《き》の周《まわ》りの長《なが》さをはかる。

いろいろな読み方

池の周《まわ》りを一周《いっしゅう》する。

口　くち
8画

教科書下84ページ

害

ガイ

長く

害害害害害害害害害害（1〜10）

使い方

公害《こうがい》について調《しら》べる。
害虫《がいちゅう》に葉《は》を食《た》べられる。
有害《ゆうがい》な物質《ぶっしつ》を取《と》りのぞく。

反対の意味の言葉

害鳥《がいちょう》
益鳥《えきちょう》

宀　うかんむり
10画

読み方が新しい漢字

漢字	読み方	使い方	前に出た読み方
正	セイ	□反対《せいはんたい》の方向《ほうこう》	正月《しょうがつ》　正《ただ》しい　正《ただ》す
直	ジキ	□直《しょうじき》に話《はな》す	直進《ちょくしん》　直《なお》す　直《なお》る
雨	ウ	□雨《ふうう》の	雨《あめ》　雨戸《あまど》
元	ガン	□日《がんじつ》の朝《あさ》	元気《げんき》　火《ひ》の元《もと》

月　　日

ぴったり2
練習

友情《じょう》のかべ新聞／もしものときにそなえよう　冬の楽しみ

教科書　下65～91ページ
答え　9ページ

1　――線の漢字の読みがなを書きましょう。

①（　　）好きな本を読む。
②（　　）最も良いやり方を考える。
③（　　）帰省の車で道がこんざつする。
④（　　）庭の周りに木を植える。
⑤（　　）南側は日当たりがよい。
⑥（　　）風雨がはげしくなる。
⑦（　　）元日に買い物をする。
⑧（　　）大臣の側近をつとめる。

2　□に漢字を書きましょう。

① □□□《ほうかご》に待ち合わせる。
② □□《ぶれい》なふるまいをわびる。
③ 文章を□□《かいぎょう》して書く。
④ 細かい説明を□《はぶ》く。
⑤ □□《すいがい》にそなえる。
⑥ □□《しょうじき》な意見を言う。
⑦ 人によって□《この》みがちがう。

⑧ □□《さいしょ》にあいさつをする。
⑨ グラウンドを□□《いっしゅう》する。
⑩ □□□《せいほうけい》をかく。
⑪ 旅から□□《ぶじ》に帰る。
⑫ 年が□《あらた》まる。
⑬ 社会の□□《かだい》を考える。
⑭ □《な》い物ねだりをする。

月　日

ぴったり2 練習

友情《じょう》のかべ新聞／もしものときにそなえよう
冬の楽しみ

教科書 下65〜91ページ
答え 9ページ

1 ――線の漢字の読みがなを書きましょう。

① <u>改</u>めて本を読み直す。（　　）

② <u>直筆</u>の手紙をもらう。（　　）

③ <u>公正</u>な決め方をする。（　　）

④ 父は<u>元来</u>気が弱い。（　　）

⑤ さんぽを<u>日課</u>にする。（　　）

⑥ <u>省</u>エネルギーを目指す。（　　）

⑦ <u>無理</u>なことを言う。（　　）

⑧ 同じコースを<u>周回</u>する。（　　）

2 □に漢字を書きましょう。

① 外国と□□《ゆうこう》な関係をもつ。

② □□《さいこう》気温をはかる。

③ 一人で□□《はんせい》する。

④ 箱の□□《そくめん》に絵をかく。

⑤ 駅の□□□《かいさつぐち》で待つ。

⑥ □□《ゆうがい》なごみをしゅう集する。

⑦ 車を□□《かいりょう》する。

⑧ 年中□□《むきゅう》のお店で買う。

⑨ 相手に□□《こうい》をもつ。

⑩ □□《がいちゅう》に花を食べられる。

⑪ □□《さいしん》のロボットを見る。

⑫ 水は□□《むしょく》とう明だ。

⑬ 運動場を□□《さんしゅう》する。

⑭ □□《さいきょう》のチームを作る。

冬のチャレンジテスト

月　日

時間 30分　／100　ごうかく 80点

教科書 上118～下91ページ

答え 9ページ

1 ――線の漢字の読みがなを書きましょう。　一つ2点（42点）

① 小川（　　）のそばの木の周（　　）りで不思議（　　）な花を見た。

② 浴室（　　）でのぼせたので水を浴（　　）びて体を冷（　　）やす。

③ 漁港（　　）へとはるかに続（　　）く道から灯台（　　）が見える。

④ お姉（　　）さんは、友人を放課後（　　）にたずねた。

⑤ 手を挙（　　）げて意見を積極的（　　）にのべるように求（　　）める。

⑥ 正月に帰省（　　）し、おいしい焼（　　）き魚を食べる。

⑦ 今季結成（　　）されたチームの順位（　　）を調べる。

⑧ 各地（　　）にある博物館（　　）において工芸品（　　）が展示《てんじ》される。

2 次の三つの漢字のうち、他の二つと画数がちがうものを選び、その漢字と画数を書きましょう。　漢字・画数とも正解《かい》で一つ2点（6点）

例 上 中 下　［中］［四］画

① 焼 街 照　［　］［　］画

② 極 浴 挙　［　］［　］画

③ 単 念 周　［　］［　］画

3 次の□には、「カ」または「か」と読む漢字が入ります。あてはまる漢字を考えて書きましょう。　一つ2点（12点）

① □りる

② 真っ□

③ 信号が□わる。

④ 結□

⑤ 追□

⑥ コップが□ける。

月　日

4 □に漢字を書きましょう。

一つ2点（28点）

① おじさんは□《おり》にふれて□《まつ》の木の手入れをする。

② わが□《や》は□□《とうぜん》、寒さに強かった。

③ □□《だいじん》が新しい□□《ほうれい》について説明した。

④ □□□《ふくかいちょう》が□□□《そつぎょうしき》で話す。

⑤ 今月□《なか》ばに□□《ぼくじょう》を見学する。

⑥ □□《なかま》と□□《きょうりょく》する。

⑦ □□《くろう》して、□□《さいしん》のデータを入手した。

5 次の――線の平がなを、漢字と送りがなに分けて書きましょう。

一つ2点（12点）

例 きまりを守る。　〔決 ― まり〕

① 平和をとなえる。　〔　―　〕

② 文章の行をあらためる。　〔　―　〕

③ グループにくわわる。　〔　―　〕

④ 植物のくきがおれる。　〔　―　〕

⑤ 説明をはぶく。　〔　―　〕

⑥ 人通りがはてる。　〔　―　〕

月　　日

自分だけの詩集を作ろう
言葉から連想を広げて
熟《じゅく》語の意味

教科書 下92～97ページ

新しく学習する漢字

共　連　願　望　失　辺　低　敗　老　底　票　陸　管　衣

教科書下93ページ

共　キョウ　とも

（つけない　長く　はらう　とめる）

使い方
共同《きょうどう》で作品《さくひん》を作《つく》る。
共通《きょうつう》の話題《わだい》でもり上《あ》がる。
兄《あに》と共《とも》に行動《こうどう》する。

筆順
共（1・2画）

部首：共（は）　6画

教科書下94ページ

連　レン　つらなる　つらねる　つれる

（一画で書く　長く　はらう）

使い方
次《つぎ》の人《ひと》に連《れん》らくする。
いくつもの山《やま》が連《つら》なる。
弟《おとうと》を連《つ》れて出《で》かける。

いろいろな読み方
連休《れんきゅう》に妹を連《つ》れて祖父《そふ》の家に行く。

部首：辶（しんにょう・しんにゅう）　10画

教科書下97ページ

願　ガン　ねがう

（はねる　とめる）

使い方
念願《ねんがん》の海外旅行《かいがいりょこう》をする。
入学願書《にゅうがくがんしょ》を出《だ》す。
願《ねが》い事《ごと》がかなう。

送りがな

部首：頁（おおがい）　19画

教科書下97ページ

望　ボウ　のぞむ　◆モウ

（たてに打つ　はねる　長く）

使い方
望遠鏡《ぼうえんきょう》で星《ほし》を見《み》る。
みんなの望《のぞ》みがかなう。
山《やま》の上《うえ》から海《うみ》を望《のぞ》む。

部首
「望」の部首は、「つき」だよ。

部首：月（つき）　11画

教科書下97ページ

失　シツ　うしなう

（つき出す　下を長く　はらう）

使い方
失礼《しつれい》な態度《たいど》におこる。
失敗《しっぱい》は成功《せいこう》のもと。
信用《しんよう》を失《うしな》う。

送りがな

部首：大（だい）　5画

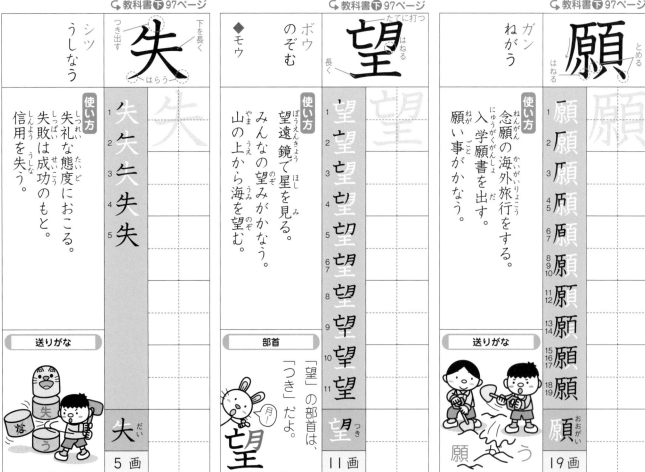

月　日

教科書下97ページ

辺

つき出さない　はねる

ヘン
あたり
べ

使い方

二《ふた》つの辺《へん》の長《なが》さが同《おな》じ三角形《さんかくけい》。
辺《あた》りが暗《くら》くなる。
水辺《みずべ》に鳥《とり》がいる。

字の形に注意

辺

「力」と書かないようにしよう。

辶 しんにょう（しんにゅう）　5画

教科書下97ページ

低

はねる　とめる　わすれない

テイ
ひくい
ひくめる
ひくまる

使い方

低学年《ていがくねん》から入場《にゅうじょう》する。
冬《ふゆ》は気温《きおん》が低《ひく》い。
声《こえ》を低《ひく》めて話《はな》す。

反対の意味の言葉

高い
低《ひく》い

亻 にんべん　7画

教科書下97ページ

敗

とめる　はらう

ハイ
やぶれる

使い方

試合《しあい》で勝敗《しょうはい》を決《き》める。
二回戦《にかいせん》で敗退《はいたい》する。
決勝戦《けっしょうせん》で敗《やぶ》れる。

反対の意味の言葉

失敗《しっぱい》
成功

攵 ぼくづくり（のぶん）　11画

教科書下97ページ

老

長く　上にはねる

ロウ
おいる
◆ふける

使い方

老人《ろうじん》に席《せき》をゆずる。
敬老《けいろう》の日《ひ》にプレゼントをする。
年老《としお》いた祖母《そぼ》を心配《しんぱい》する。

いろいろな読み方

老《お》いた犬の歯が
老化《ろうか》する。

耂 おいかんむり（おいがしら）　6画

教科書下97ページ

底

つける　わすれない　はねる

テイ
そこ

使い方

湖底《こてい》の様子《ようす》を調《しら》べる。
谷底《たにぞこ》に物《もの》を落《お》とす。
底力《そこぢから》を出《だ》して勝利《しょうり》する。

字の形に注意

底

わすれないでね。

广 まだれ　8画

教科書下97ページ

票

「西」にしない　長く　とめる　はねる

ヒョウ

使い方

注文《ちゅうもん》を伝票《でんぴょう》に書《か》く。
一票《いっぴょう》の差《さ》で勝《か》つ。
近《ちか》くの投票所《とうひょうじょ》に向《む》かう。

形のにた漢字

標語《ひょうご》

投票しよう！

投票《とうひょう》

示 しめす　11画

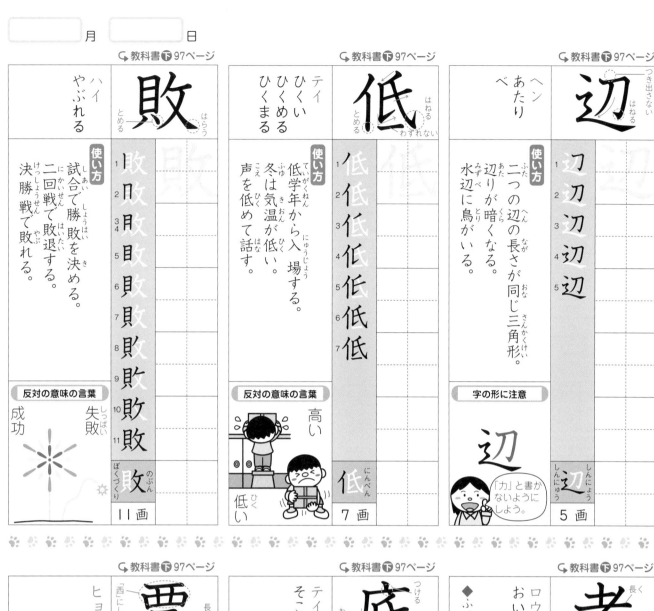

月　　日

教科書下97ページ

陸

リク

下を長く　とめる　三画で書く

使い方

飛行機《ひこうき》が着陸《ちゃくりく》する。
陸上選手《りくじょうせんしゅ》にあこがれる。
新大陸《しんたいりく》を発見《はっけん》する。

1 2 3 4 5 6 7 8 9 10 11

陸　こざとへん

11画

反対の意味の言葉

陸《りく》

海

教科書下97ページ

管

カン
くだ

つける　下をやや大きく

使い方

倉庫《そうこ》に保管《ほかん》する。
体《からだ》にはたくさんの血管《けっかん》がある。
ゴムの管《くだ》をつなぐ。

1 2 3 4 5 6 7 8 9 10 11 12 13 14

管　たけかんむり

14画

言葉の意味

管楽器《かんがっき》―ふいて音を出す楽器。

教科書下97ページ

衣

イ
◆ころも

はらう

使い方

すてきな衣《い》しょうを着《き》る。
こう衣室《いしつ》で水着《みずぎ》に着《き》がえる。
先生《せんせい》が白衣《はくい》を身《み》に着《つ》ける。

1 2 3 4 5 6

衣　ころも

6画

字の形に注意

衣

読み方が新しい漢字

漢字	読み方	使い方	前に出た読み方
木	ボク	木刀《ぼくとう》をふる	木《き》・木曜日《もくようび》 木《こ》かげ
刀	トウ	短刀《たんとう》で切《き》る	小刀《こがたな》
星	セイ	夜空《よぞら》の流星群《りゅうせいぐん》	星空《ほしぞら》
竹	チク	竹林《ちくりん》のある庭《にわ》	竹《たけ》
林	リン	日本《にっぽん》の林業《りんぎょう》	林《はやし》
力	リキ	人力車《じんりきしゃ》に乗《の》る	力《ちから》・全力《ぜんりょく》
言	ゴン	伝言《でんごん》をたのむ	言《い》う・言葉《ことば》 助言《じょげん》
岩	ガン	岩石《がんせき》を拾《ひろ》う	岩《いわ》
右	ウ	道《みち》を右折《うせつ》する	右足《みぎあし》

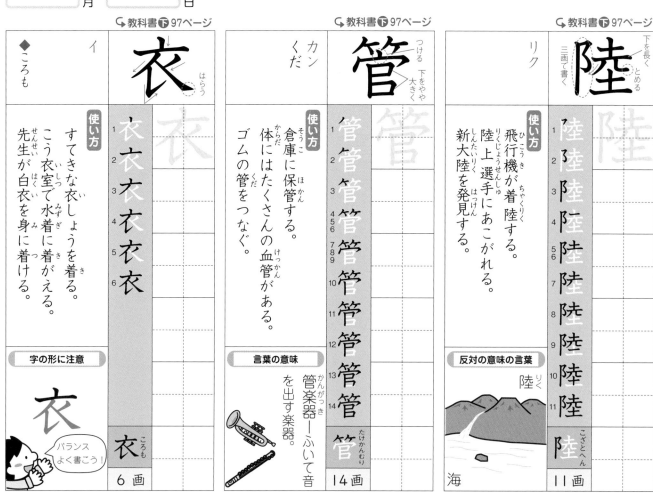

月　日

ぴったり2 練習

自分だけの詩集を作ろう
言葉から連想を広げて／熟語《じゅくご》の意味

教科書 下92〜97ページ
答え 10ページ

1 ――線の漢字の読みがなを書きましょう。

① 連れ立って歩く。（　　）
② 海底深くにしずむ。（　　）
③ 念願の海外に行く。（　　）
④ データが消失する。（　　）
⑤ 音の高低を聞き分ける。（　　）
⑥ 人力車に乗る。（　　）
⑦ 木刀をふり下ろす。（　　）
⑧ 森の中で老人と出会う。（　　）

2 □に漢字を書きましょう。

① 二人の□□□《きょうつうてん》をさがす。
② だんだん音が□《ひく》まる。
③ 駅の□□《しゅうへん》を歩く。
④ チームの□□《しょうはい》を見とどける。
⑤ 選挙の□□《かいひょう》が始まる。
⑥ 青々とした□□《ちくりん》の小道。
⑦ 月面□□《ちゃくりく》を成しとげた。

⑧ □□《がんせき》がむきだしの山。
⑨ 夜空に□□《りゅうせい》がきらめく。
⑩ 重要な書類を保《ほ》□《かん》する。
⑪ 父から□□《でんごん》をあずかる。
⑫ チャンスを□《うしな》う。
⑬ □□《いるい》をまとめてかたづける。
⑭ 鳥が□《ひく》く飛んでいる。

ぴったり２ 練習

自分だけの詩集を作ろう
言葉から連想を広げて／熟《じゅく》語の意味

教科書 下92～97ページ
答え 10ページ

1 ――線の漢字の読みがなを書きましょう。

① 連続ドラマを見る。（　　）
② 弟の望みをかなえる。（　　）
③ 次の十字路を右折する。（　　）
④ 衣料品の売り場がある。（　　）
⑤ 車で林道を進む。（　　）
⑥ 友達と共に行動する。（　　）
⑦ 海辺をさんぽする。（　　）
⑧ 戦いに敗れる。（　　）

2 □に漢字を書きましょう。

① コップの□《そこ》をあらう。
② □□《しつれい》なことを言う。
③ □《あた》り一面に花がさく。
④ □□□《ていがくねん》から家に帰る。
⑤ 年□《お》いた父をささえる。
⑥ □□《そこぢから》を出して勝つ。
⑦ 注文を□□《でんぴょう》に書く。

⑧ 南極□□《たいりく》に行く。
⑨ 書類を□□《かんり》する。
⑩ □□《どぼく》工事をする。
⑪ □□《りきさく》の絵を見せる。
⑫ 代表に名を□《つら》ねる。
⑬ 声を□《ひく》めて話す。
⑭ ゴムの□《くだ》をつなぐ。

月　　日

ぴったり2 練習

自分だけの詩集を作ろう
言葉から連想を広げて／熟語《じゅく》の意味

1 ――線の漢字の読みがなを書きましょう。

① 四方に山が連なる。（　　）
② 短刀で竹をけずる。（　　）
③ 夜空に火星をさがす。（　　）
④ 公共の図書館へ行く。（　　）
⑤ 体の血管について調べる。（　　）
⑥ 谷底にぼうしを落とす。（　　）
⑦ 友達と共同で絵をかく。（　　）
⑧ 学校の近辺をさがす。（　　）

2 □に漢字を書きましょう。

① 両親の健康を□《ねが》う。
② 山の上から景色を□□《いちぼう》する。
③ □□《いふく》を整える。
④ 選挙で□□《とうひょう》する。
⑤ □□《しっぱい》は成功のもとだ。
⑥ 赤色から夕日を□□《れんそう》する。
⑦ □□《みずべ》で鳥をさがす。

⑧ 海から□□《りくち》をさがす。
⑨ 気温が□□《ていか》する。
⑩ 長年の□□《がんぼう》がかなう。
⑪ □□《りんぎょう》について調べる。
⑫ □□《いっぴょう》の差で勝つ。
⑬ □□《りくじょう》競《きょう》技《ぎ》の選手になる。
⑭ □□《ぼうえん》鏡《きょう》で月を見る。

教科書 下92～97ページ
答え 10ページ

漢字の広場⑤ 3年生で習った漢字

教科書 下98ページ
答え 10ページ

月　　日

1 ――線の漢字の読みがなを書きましょう。

① 一丁目の公園に行く。（　　）
② 町の美化活動をする。（　　）
③ 家にお客様がいらっしゃる。（　　）
④ 信号が赤になる。（　　）
⑤ さるが木に登る。（　　）
⑥ おふろにお湯を入れる。（　　）
⑦ 車庫にバイクがある。（　　）
⑧ 公園の遊具が新しくなる。（　　）

2 □に漢字を書きましょう。

① バスが来るまで□《ま》つ。
② 大きな□《はしら》が家にある。
③ かわいい□□《ようふく》を買う。
④ 早起きして□□《べんきょう》する。
⑤ 手紙に□□《じゅうしょ》を書く。
⑥ 青い□□《やね》の家が見える。
⑦ 今日はとても□《さむ》い。

⑧ 赤ちゃんの□□《しゃしん》を見る。
⑨ 去年より□□《しんちょう》がのびた。
⑩ □□《どうろ》で工事をしている。
⑪ つくえの中を□□《せいり》する。
⑫ 教室は□□《にかい》にある。
⑬ 玉ねぎの□《かわ》をむく。
⑭ ろうかのごみを□《ひろ》う。

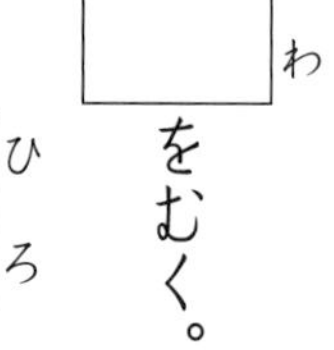

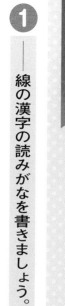

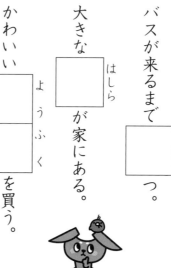

月　　日

ぴったり1 じゅんび

風船でうちゅうへ

新しく学習する漢字

完　験　別　残　希　努

教科書 下99〜112ページ

教科書 下 101ページ

完

カン

（つける／上にはねる／はらう）

使い方

やっとの思《おも》いで完成《かんせい》させる。
完全《かんぜん》な形《かたち》で化石《かせき》が発見《はっけん》される。
物語《ものがたり》が完結《かんけつ》する。

1 2 3 4 5 6 7 完

完 うかんむり　7画

使い方

未完《みかん》だった作品が完成《かんせい》する。

教科書 下 101ページ

験

ケン
◆ゲン

（つき出さない／はねる／はらう）

使い方

漢字《かんじ》の試験《しけん》に合格《ごうかく》する。
経験《けいけん》を生《い》かした仕事《しごと》をする。
実験《じっけん》が成功《せいこう》する。

1 2 3 4 5 6 7 8 9 10 11 12 13 14 15 16 17 18 験

馬 うまへん　18画

筆順

験

1画目をまちがえやすいよ！

教科書 下 102ページ

別

ベツ
わかれる

（出さない／とめる／はねる）

使い方

かみを切《き》って別人《べつじん》のようになる。
たん生日《じょうび》は特別《とくべつ》な日《ひ》だ。
夕方《ゆうがた》に友達《ともだち》と別《わか》れる。

1 2 3 4 5 6 7 別

別 りっとう　7画

反対の意味の言葉

別《わか》れる ↔ 会う

教科書 下 106ページ

残

ザン
のこる
のこす

（わすれない／はねる／はらう）

使い方

君《きみ》に会《あ》えなくて残念《ざんねん》だ。
うでにきずが残《のこ》る。
ご飯《はん》を少《すこ》し残《のこ》す。

1 2 3 4 5 6 7 8 9 10 残

歹 いちたへん かばねへん　10画

字の形に注意

わすれないでね！

残

教科書 下 109ページ

希

キ

（小さく／つける／はねる）

使い方

希望《きぼう》するクラブに入《はい》る。
希少動物《きしょうどうぶつ》がいる島《しま》。
世界平和《せかいへいわ》を希求《ききゅう》する。

1 2 3 4 5 6 7 希

巾 はば　7画

筆順

希（1・3）

1・3画目に気をつけてね。

月　　日

教科書下109ページ

努

ド
つとめる

はらう　はねる

使い方

努力《どりょく》して成功《せいこう》する。
父《ちち》は本当《ほんとう》に努力家《どりょくか》である。
努《つと》めて明《あか》るくふるまう。

1 2 3 4 5 6 7

筆順

1〜5画目をしっかり覚えよう。

力《ちから》

7画

「努」には、力をつくす、はげむ、という意味があります。

漢字クイズ11

答え15ページ

☆次の文では、どちらの漢字を使うのが正しいでしょう。正しいほうに○をつけましょう。

①選挙で｛（　）票　（　）表｝を集める。

投

②音の｛（　）高低　（　）校庭｝に気をつけて歌う。

③｛（　）友　（　）共｝に力を合わせてがんばる。

④残念ながら試合の｛（　）歯医者　（　）敗者｝となった。

風船でうちゅうへ

（　　）月（　　）日

1 ――線の漢字の読みがなを書きましょう。

①（　　）努めて失敗がないようにする。

②（　　）新しいダムが完成する。

③（　　）駅で友達と別れる。

④（　　）完全な形の化石を発見する。

⑤（　　）学校に残って勉強する。

⑥（　　）けがが完治する。

⑦（　　）苦手なおかずを残す。

⑧（　　）物語が完結する。

2 □に漢字を書きましょう。

① 理科の□□《じっけん》をする。

② さいふの□□《ざんきん》をたしかめる。

③ 自分の□□《きぼう》を伝える。

④ □□《べつじん》のようになる。

⑤ □□《きしょう》な動物を見る。

⑥ 旅先で□□《たいけん》したことを書く。

⑦ 色と形で□□《くべつ》する。

⑧ □□《どりょく》が実を結ぶ。

⑨ 漢字の□□《しけん》に受かる。

⑩ ごみを□□《ぶんべつ》する。

⑪ □□《ざんねん》な結果になる。

⑫ 姉が中学校を□□《じゅけん》する。

⑬ □□《さべつ》をゆるさない。

⑭ 世界の平和を□□《ききゅう》する。

教科書 下99～112ページ
答え 11ページ

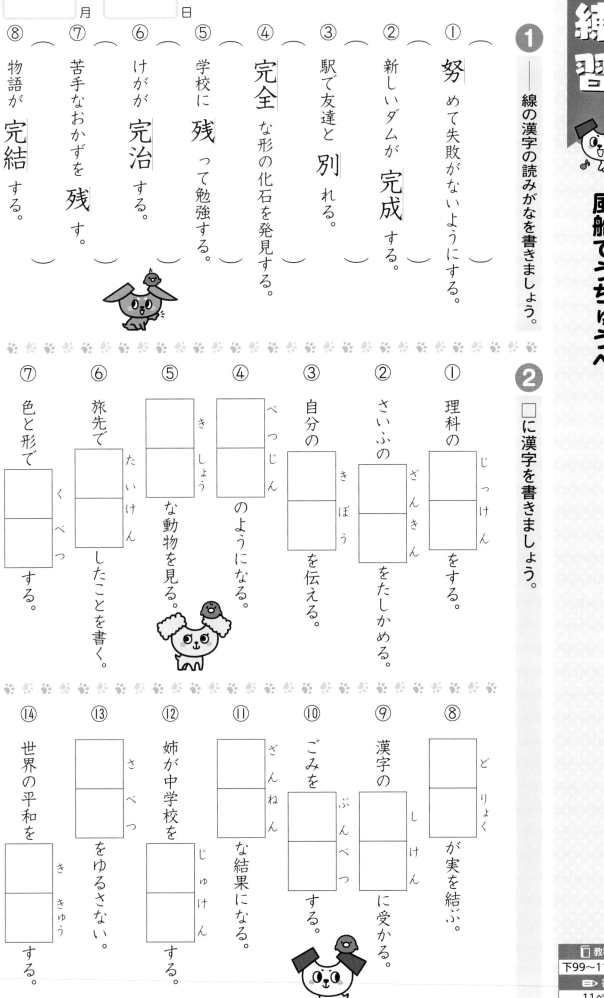

月　日

ぴったり1 じゅんび

つながりに気をつけよう スワンレイクのほとりで

教科書 下113～142ページ

新しく学習する漢字

束　巣　産　候　察　特　兆　億　鏡　散　民　覚　勇　笑

教科書 下 113ページ

束（7画）

ソク　たば

はらう　とめる

部首：木《き》

使い方
チームが結束《けっそく》して勝《か》つ。
約束《やくそく》の時間《じかん》に間《ま》に合《あ》う。
かみの毛《け》を束《たば》ねる。

形のにた漢字

教科書 下 114ページ

巣（11画）

す　◆ソウ

向きに注意　一画で書く

部首：つかんむり

使い方
鳥《とり》の巣箱《すばこ》を木《き》に取《と》り付《つ》ける。
クモが巣《す》をはる。
空《あ》き巣《す》に入《はい》られないようにする。

形のにた漢字

教科書 下 114ページ

産（11画）

サン　うむ　うまれる　◆うぶ

下を長く　長めに　はらう

部首：生《うまれる》

使い方
国内《こくない》で生産《せいさん》される。
にわとりがたまごを産《う》む。
赤《あか》んぼうが産《う》まれる。

送りがな

教科書 下 114ページ

候（10画）

コウ　◆そうろう

出す　つき出さない　わすれない　はらう

部首：にんべん

使い方
すごしやすい気候《きこう》。
悪天候《あくてんこう》で遠足《えんそく》が中止《ちゅうし》になる。
たくさんの候補《こうほ》から選《えら》ばれる。

字の形に注意

教科書 下 116ページ

察（14画）

サツ

あける　「夕」にしない　はねる　とめる

部首：うかんむり

使い方
植物《しょくぶつ》を観察《かんさつ》する。
警察官《けいさつかん》に道《みち》を聞《き》く。
危険《きけん》を察知《さっち》する。

字の形に注意

察

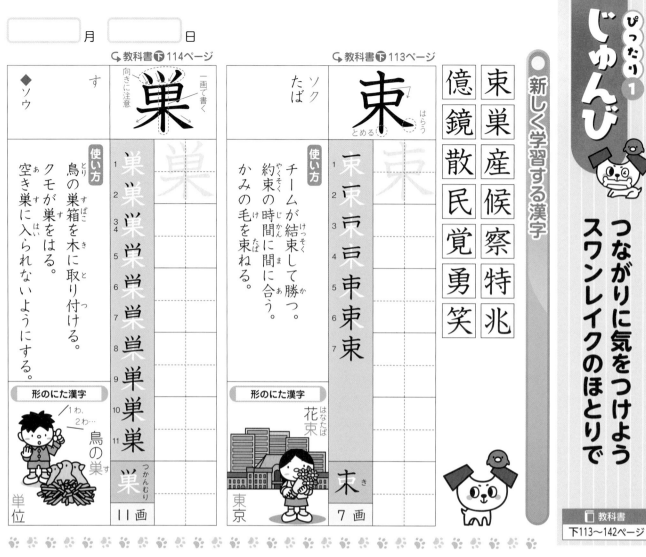

月　　日

教科書下116ページ

特

トク

とめる　はねる

使い方

特大《とくだい》のケーキを作《つく》る。
全国《ぜんこく》の特産品《とくさんひん》を調《しら》べる。
今年《ことし》の夏《なつ》は特別《とくべつ》暑《あつ》い。

1 丿 2 𠂉 3 牛 4 牛 5 牜 6 特 7 特 8 特 9 特 10 特

特　うしへん

10画

形のにた漢字

特大《とくだい》
持《も》つ

教科書下116ページ

兆

チョウ

◆きざす
◆きざし

向きに注意　上にはねる

使い方

地《じ》しんの前兆《ぜんちょう》がある。
一億《いちおく》の一万倍《いちまんばい》が一兆《いっちょう》です。
五兆円《ごちょうえん》の予算《よさん》が組《く》まれる。

1 丿 2 丬 3 兆 4 兆 5 兆 6 兆

儿　ひとあし　にんにょう

6画

筆順

バランスよく書こう！

兆（1 2 3 4 5 6）

教科書下116ページ

億

オク

下を長く　とめる　はねる

使い方

億万長者《おくまんちょうじゃ》になりたい。
宝《たから》くじで一億円《いちおくえん》が当《あ》たる。
三億年前《さんおくねんまえ》の化石《かせき》が見《み》つかる。

1 亻 2 億 3 4 億 5 6 7 億 8 億 9 億 10 11 億 12 億 13 億 14 15 億

亻　にんべん

15画

仲間の言葉

「一・十・百・千・万・億《おく》・兆」は、数の単位です。

10
100

教科書下116ページ

鏡

キョウ
かがみ

「心」にしない　上にはねる

使い方

望遠鏡《ぼうえんきょう》で星《ほし》を観測《かんそく》する。
祖父《そふ》が老眼鏡《ろうがんきょう》をかけて本《ほん》を読《よ》む。
鏡《かがみ》に全身《ぜんしん》をうつす。

1 丿 2 𠆢 3 4 5 金 6 7 8 鏡 9 10 鏡 11 12 13 鏡 14 鏡 15 鏡 16 17 鏡 18 19 鏡

金　かねへん

19画

字の形に注意

「意」と書かないように気をつけよう！

鏡

教科書下129ページ

散

サン
ちる
ちらす
ちらかす
ちらかる

「又」にしない　とめる　はねる

使い方

近《ちか》くを散歩《さんぽ》する。
さくらの花《はな》が散《ち》る。
散《ち》らかった部屋《へや》をかたづける。

1 一 2 十 3 4 艹 5 丗 6 丗 7 8 昔 9 散 10 散 11 散 12 散

攵　のぶん　ぼくづくり

12画

反対の意味の言葉

集合

解散《かいさん》

教科書下129ページ

民

ミン

◆たみ

はねる

使い方

国民《こくみん》に向《む》けてあいさつをする。
海辺《うみべ》の民宿《みんしゅく》にとまる。
民族衣《みんぞくい》しょうを着《き》る。

1 𠃍 2 ㇏ 3 民 4 民 5 民

民　うじ

5画

部首

「民」の部首は、「うじ」だよ。

民

なるほど！

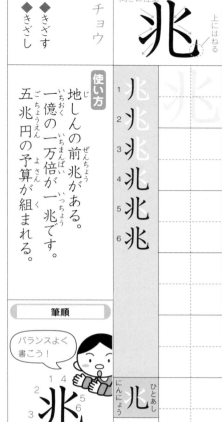

月　　日

教科書下130ページ

覚

カク
おぼえる
さます
さめる

「日」にしない　上にはねる　向きに注意　はらう

使い方
指先《ゆびさき》の感覚《かんかく》がなくなる。
見覚《みおぼ》えのある道《みち》を通《とお》る。
朝早《あさはや》く目《め》を覚《さ》ます。

覚（1〜12）

部首

見《みる》

12画

教科書下131ページ

勇

ユウ
いさむ

つき出す　「ク・々」にしない　はねる

使い方
勇気《ゆうき》をもって行動《こうどう》する。
とても勇《ゆう》かんな青年《せいねん》だ。
勇《いさ》んで試合《しあい》に行く。

勇（1〜9）

部首
「勇」の部首は、「ちから」だよ。

力《ちから》

9画

教科書下131ページ

笑

わらう
◆ショウ
◆えむ

向きに注意　「夭」にしない　はらう

使い方
大《おお》きな声《こえ》で笑《わら》う。
笑《わら》った顔《かお》で写真《しゃしん》をとる。
笑《わら》う門《かど》には福来《ふくき》たる。

笑（1〜10）

反対の意味の言葉
笑《わら》う

泣く

竹《たけかんむり》

10画

読み方が新しい漢字

漢字	読み方	使い方	前に出た読み方
鳥	チョウ	野鳥《やちょう》を愛《あい》する	鳥《とり》
自	みずから	自《みずか》ら歩《ある》く	自分《じぶん》 自然《しぜん》
白	ハク	空白《くうはく》のページ	白《しろ》 白《しろ》い 白玉《しらたま》

「特」「待つ」「持つ」にている漢字に注意しましょう。

月　　日

ぴったり練習2

つながりに気をつけよう
スワンレイクのほとりで

教科書 下113〜142ページ
答え 11ページ

1 ―線の漢字の読みがなを書きましょう。

① ハチの巣箱を木の下に置く。（　　）
② 犬の赤ちゃんが産まれる。（　　）
③ 銀河《が》系《けい》には何千億もの星がある。（　　）
④ 三兆円の予算を組む。（　　）
⑤ 母が鏡台の前に立つ。（　　）
⑥ 勇ましいすがたを見せる。（　　）
⑦ 全国の名産品を集める。（　　）
⑧ 新しいダンスを覚える。（　　）

2 □に漢字を書きましょう。

① お祝いの□□《はなたば》をおくる。
② この冬の□□《てんこう》を予想する。
③ メダカの成長を□□《かんさつ》する。
④ □□《とくべつ》な料理を食べる。
⑤ 公園を□□《さんぽ》する。
⑥ 世界の□□《みんぞく》と交流する。
⑦ 早朝に目が□《さ》める。

⑧ テレビを見て大声で□《わら》う。
⑨ キジは日本の□□《こくちょう》だ。
⑩ □□《やくそく》をきちんと守る。
⑪ □□《ゆうき》を出して進む。
⑫ □□《くうはく》のページに書く。
⑬ □《かがみ》に顔をうつす。
⑭ 部屋を□《ち》らかす。

つながりに気をつけよう
スワンレイクのほとりで

教科書 下113〜142ページ
答え 11ページ

月　　日

1 ――線の漢字の読みがなを書きましょう。

① 仲間と結束する。（　　）
② にわか雨がふるのを察知する。（　　）
③ にわとりがたまごを産む。（　　）
④ かみの毛を束ねる。（　　）
⑤ 自ら考えをまとめる。（　　）
⑥ さくらの花が散る。（　　）
⑦ 銀行に札束をあずける。（　　）
⑧ あちこちに分散している。（　　）

2 □に漢字を書きましょう。

① のき下にツバメの□《す》がある。
② □□《きこう》のよい日が続く。
③ □□《とくだい》のケーキを買う。
④ □□《こくさん》の野菜を買う。
⑤ 足の□□《かんかく》をたしかめる。
⑥ □□□□《おくまんちょうじゃ》になる。
⑦ □□《ゆうしゃ》の物語を読む。
⑧ □□《こくみん》に語りかける。
⑨ 先生が□□《はくい》を着る。
⑩ □□《やちょう》のさえずりを聞く。
⑪ 母に□□《しゅっさん》の話を聞く。
⑫ 古い□□《てかがみ》を見つける。
⑬ 学校の□□《とくしょく》を話す。
⑭ 地しんの□□《ぜんちょう》に気づく。

月　日

ぴったり2 練習

漢字の広場⑥　3年生で習った漢字

教科書 下143ページ
答え 11ページ

1 ――線の漢字の読みがなを書きましょう。

① ボールを投げる。（　　）
② 第五回水泳大会（　　）
③ ゴールまで必死に走る。（　　）
④ ゲームに負ける。（　　）
⑤ 詩を作るのが好きです。（　　）
⑥ ノートに文章を書く。（　　）
⑦ 他校生と協力する。（　　）
⑧ 山田君は明るく楽しい人だ。（　　）

2 □に漢字を書きましょう。

① 約束の時間を□《まも》る。
② 体育館で□□□《しぎょうしき》を行う。
③ 白チームが□《か》つと思う。
④ □□《はんたい》の方向に進む。
⑤ 息が□《くる》しい。
⑥ くぎを□《う》つ。
⑦ 集会で□□《いけん》を言う。

⑧ クラスの□□《だいひょう》に選ばれる。
⑨ となり町と□□《こうりゅう》をはかる。
⑩ 習字で□□《もうひつ》を使う。
⑪ □□□《がっきゅうかい》を開く。
⑫ □□《さくひん》を仕上げる。
⑬ 速い□《たま》を見のがす。
⑭ 遠足の中止《し》が□□《けってい》した。

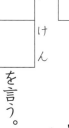

春のチャレンジテスト

時間 30 分
／100
ごうかく 80 点

教科書 下92～142ページ

答え 12ページ

月　日

1 ――線の漢字の読みがなを書きましょう。　一つ2点(34点)

① 右岸（　）のがけの一部に火成岩（　）が見える。

② 念願（　）がかなって、流星群（　）を見ることができた。

③ 億（　）とまちがえて兆（　）の位に数字を書いた。

④ 湖の白鳥（　）や森の野鳥（　）をそっと観察（　）する。

⑤ 共（　）にはげまし合って笑（　）った。

⑥ 老人（　）がにわかに木刀（　）をかまえた。

⑦ 川辺（　）をゆっくりと散歩（　）する。

⑧ 努力（　）して、英単語を覚（　）える。

2 次の□に当てはまる熟《じゅく》語を漢字で書きましょう。また、その熟語は後のア～エのどの組み合わせでできていますか。〔　〕にア～エの記号で答えましょう。　一つ1点(10点)

① サッカーの試合の□□《しょうはい》が決まる。〔　〕

② 父は母に□□《はなたば》をおくった。〔　〕

③ 探検《たんけん》隊が無人島に□□《じょうりく》する。〔　〕

④ お米の□□《せいさん》がさかんな県に住んでいる。〔　〕

⑤ おうえんするチームが負けて□□《しつぼう》した。〔　〕

ア　にた意味をもつ漢字を組み合わせたもの

イ　反対の意味をもつ漢字を組み合わせたもの

ウ　上の漢字が下の漢字を修飾《しゅうしょく》するもの

エ　「―を」「―に」に当たる意味の漢字が下に来るもの

月　日

3 □に漢字を書きましょう。

一つ2点(28点)

① 前を歩く父を□□《みうしな》わないように□《つと》めた。

② 中国□□《たいりく》の□□《きこう》について調べる。

③ □□《ちくりん》に□□《きしょう》な動物が住む。

④ □□《かいてい》は、水温が□《ひく》い。

⑤ □□《とうひょう》用紙を□□《かんり》する。

⑥ □□《とくだい》の□《い》しょうを用意する。

⑦ 鳥が□□《すばこ》でたまごを□《う》む。

4 次の字は、同じ漢字でもそれぞれちがう読み方をします。――線の漢字の読みがなを書きましょう。

一つ2点(28点)

① 自…（　）自分（　）自ら行う。

② 別…（　）区別（　）駅前で別れる。

③ 残…（　）残念（　）形が残る。

④ 勇…（　）勇者（　）勇ましく戦う。

⑤ 連　（　）連続　（　）家族で連れ立つ。　（　）山が連なる。

⑥ 覚　（　）感覚　（　）目が覚める。　（　）文字を覚える。

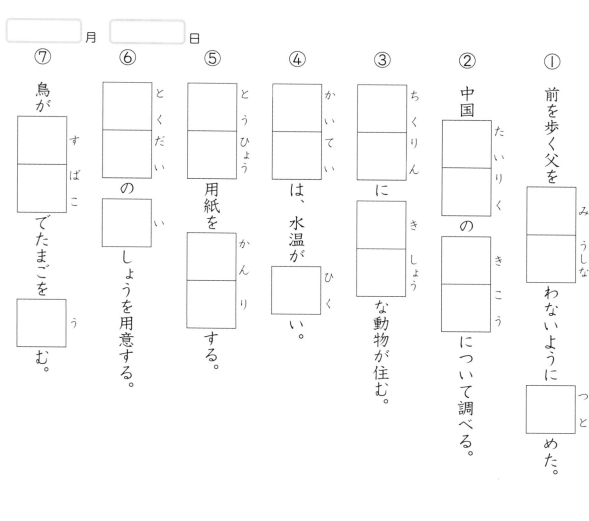

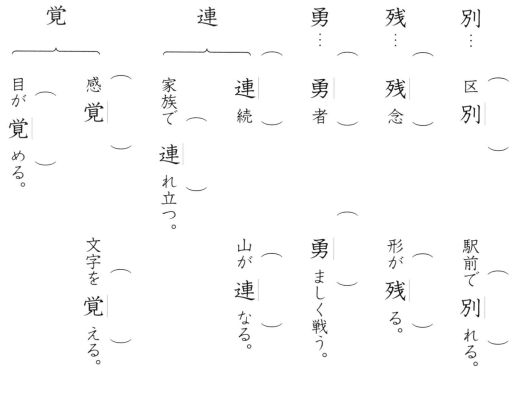

読み方さくいん

❖四年生で習う漢字の読みを全部のせています。
❖かたかなは音読み、ひらがなは訓《くん》読みです。
❖*印の読み方は、小学校では習わない読み方です。
❖数字は、この本で出てくるページです。

このむ 好 70
＊ころも 衣 78
＊コン 建 2

さ

サ 佐 37
サ 差 57
サイ 菜 3
サイ 最 70
さい 埼 14
ザイ 材 22
さかえる 栄 41
さき 崎 37
サク 昨 9
さす 差 57
サツ 刷 53
サツ 札 61
サツ 察 86
さます 冷 66
さます 覚 88
さめる 冷 66
さめる 覚 88
サン 参 52
サン 産 86
サン 散 87
ザン 残 83

し

シ 司 5
シ 試 21
シ 氏 30
ジ 辞 8
ジ 児 31
＊ジ 滋 36
ジ 治 52
しお 塩 52
しか 鹿 37
しず 静 8
しずか 静 8
しずまる 静 8
しずめる 静 8
シツ 失 76
シャク 借 62
シュ 種 56
＊シュウ 祝 30
シュウ 周 71
シュク 祝 30
ジュン 順 6
ショ 初 9
＊ショウ 井 15
＊ショウ 清 35
ショウ 唱 52
ショウ 松 57
＊ショウ 焼 66
ショウ 照 66
ショウ 省 70
＊ショウ 笑 88
＊ジョウ 成 8
＊ジョウ 静 8
ジョウ 城 9
＊ジョウ 縄 38
しるし 印 8
しろ 城 9
シン 信 2
シン 臣 49
ジン 臣 49

す

す 巣 86
すえ 末 56
すく 好 70
＊すこやか 健 30
する 刷 53

せ

セイ 成 8
セイ 静 8
＊セイ 井 15
セイ 清 35
セイ 省 70
＊ゼイ 説 20
セキ 席 2
セキ 積 57
せき 関 22
＊セチ 節 23
セツ 説 20
セツ 節 23
セツ 折 56
＊せる 競 32
セン 選 21
セン 戦 26
＊セン 浅 58
ゼン 然 65

そ

ソウ 争 26
ソウ 倉 61
＊ソウ 巣 86
＊そうろう 候 86
ソク 側 71
ソク 束 86
ゾク 続 56
そこ 底 77
ソツ 卒 48
＊そめる 初 9
ソン 孫 61

た

タイ 帯 27
タイ 隊 27
たぐい 類 5
たたかう 戦 26
タツ 達 2
たつ 建 2
たてる 建 2
たとえる 例 3
たね 種 56
たば 束 86
＊たみ 民 87
＊ためす 試 21
たより 便 58
タン 単 48

ち

チ 置 47
チ 治 52
＊チュウ 沖 37
＊チュウ 仲 66
チョウ 兆 87
ちらかす 散 87
ちらかる 散 87
ちらす 散 87
ちる 散 87

つ

つく 付 35
つける 付 35
つたう 伝 20
つたえる 伝 20
つたわる 伝 20
つづく 続 56
つづける 続 56
つつむ 包 26
つとめる 努 84
つむ 積 57
つめたい 冷 66
つもる 積 57
つらなる 連 76
つらねる 連 76
つれる 連 76

て

テイ 低 77
テイ 底 77
テキ 的 13
てらす 照 66
てる 照 66
てれる 照 66
テン 典 6
デン 伝 20

と

ト 徒 31
ド 努 84
トウ 灯 49
ドウ 働 41
トク 徳 36
トク 特 87
とく 説 20
とち 栃 14
となえる 唱 52
とばす 飛 2
とぶ 飛 2
とみ 富 15
とむ 富 15
とも 共 76

な

ナ 奈 14
な 菜 3
ない 無 70
なおす 治 52
なおる 治 52
なか 仲 66
なく 泣 27
なし 梨 15
なす 成 8

なる　成　8
なわ　縄　38

に

＊ニ　児　31

ね

ねがう　願　76
ネツ　熱　41
ネン　念　57
ネン　然　65

の

のこす　残　83
のこる　残　83
のぞむ　望　76

は

ハイ　敗　77
バイ　梅　32
＊はえ　栄　41
＊はえる　栄　41
はかる　量　15
ハク　博　58
＊バク　博　58
はじめ　初　9
はじめて　初　9
はた　旗　21
＊はた　機　5
はたす　果　48
はたらく　働　41
＊ハッ　法　5
はつ　初　9
＊バツ　末　56
はて　果　48
はてる　果　48
はぶく　省　70
ハン　飯　26
＊ハン　阪　36

ひ

ヒ　飛　2
＊ひ　灯　49
ひえる　冷　66
ひくい　低　77
ひくまる　低　77
ひくめる　低　77
ヒツ　必　13
ひや　冷　66
ひやかす　冷　66
ひやす　冷　66
ヒョウ　標　3
ヒョウ　兵　27
ヒョウ　票　77
ビン　便　58

ふ

フ　府　14
フ　富　15
フ　阜　16
フ　夫　30
フ　付　35
フ　不　57
ブ　不　57
ブ　無　70
＊フウ　富　15
フウ　夫　30
フク　副　48
＊ふける　老　77
ふし　節　23
ふだ　札　61

へ

ベ　辺　77
ヘイ　兵　27
ベツ　別　83
ヘン　変　56
ヘン　辺　77
ベン　便　58

ほ

ホウ　法　5
ホウ　包　26
ボウ　望　76
ボク　牧　62
＊ホッ　法　5

ま

まいる　参　52
＊まき　牧　62
まご　孫　61
まち　街　49
マツ　末　56
まつ　松　57
まと　的　13
まわり　周　71
マン　満　41

み

ミ　未　65
みたす　満　41
みちる　満　41
ミン　民　87

む

ム　無　70
むすぶ　結　48
むら　群　9
むれ　群　9
むれる　群　9

め

め　芽　32
めし　飯　26

も

＊モウ　望　76
もっとも　最　70
もとめる　求　62

や

ヤク　約　35
やく　焼　66
やける　焼　66
やしなう　養　41
やぶれる　敗　77
＊やめる　辞　8

ゆ

ユウ　勇　88
＊ゆう　結　48
＊ゆわえる　結　48

よ

よい　良　31
ヨウ　要　13
ヨウ　養　41
ヨク　浴　47

り

リ　利　21
リク　陸　78
リョウ　量　15
リョウ　良　31
リョウ　漁　47
リョウ　料　65
リン　輪　27

る

ルイ　類　5

れ

レイ　例　3
レイ　令　46
レイ　冷　66
レン　連　76

ろ

ロウ　労　66
ロウ　老　77
ロク　録　6

わ

わ　輪　27
わかれる　別　83
わらう　笑　88

うんこドリルシリーズ

日本一楽しい夏休みドリル

うんこ夏休みドリル

答《こた》えとアドバイス

小学1年生

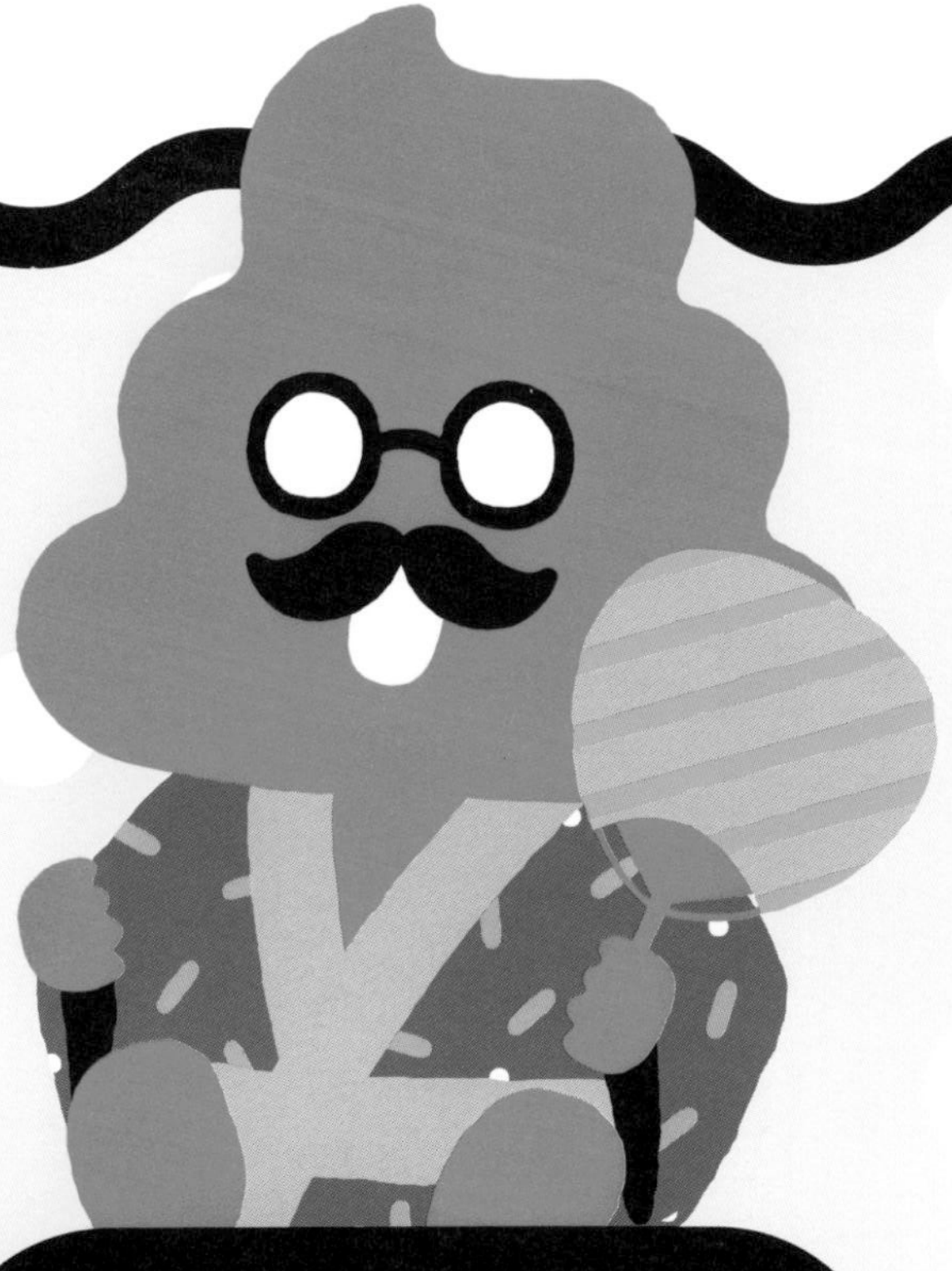

わかりやすい縮《しゅく》刷《さつ》解《かい》答《とう》!

おうちの方《かた》と答《こた》え合《あ》わせしよう!

こくご

別《べっ》冊《さつ》

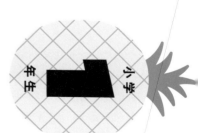

46・47ページ

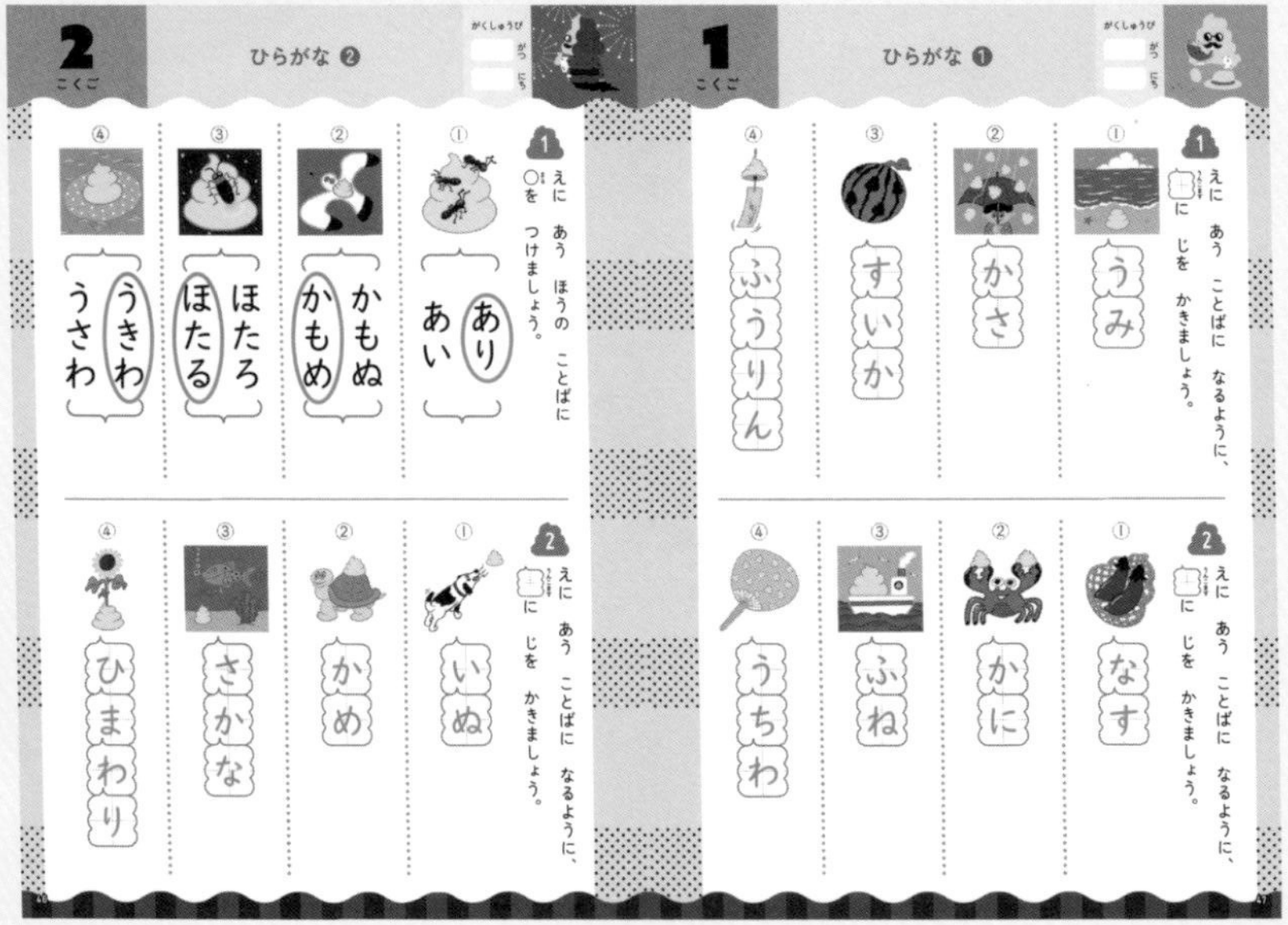
こくご 1 ひらがな ❶

がくしゅうび がつ にち

1 えに あう ことばに なるように、□に じを かきましょう。

① うみ ② かさ ③ すいか ④ ふうりん

2 えに あう ことばに なるように、□に じを かきましょう。

① なす ② かに ③ ふね ④ うちわ

こくご 2 ひらがな ❷

がくしゅうび がつ にち

1 えに あう ほうの ことばに ○を つけましょう。

① あり／あい ② かもぬ／かもめ ③ ほたろ／ほたる ④ うきわ／うさわ

2 えに あう ことばに なるように、□に じを かきましょう。

① いぬ ② かめ ③ さかな ④ ひまわり

1

1 絵に合う言葉を平仮名で書く問題です。なぞりを手本に、筆順や字形を意識して平仮名を書くよう促しましょう。

2 一文字目のなぞりをヒントにしながら、絵の言葉を書けるとよいでしょう。

2

1 まちがえやすい「り」と「い」、「ぬ」と「め」、「ろ」と「る」、「き」と「さ」を見分ける問題です。二つを声に出して読ませると、どちらが正解なのかを理解しやすくなるでしょう。

2 ①「ぬ」、③「な」、④「ま」は、運筆の最後に、くるっと書いて交差させます。交差してしっかり書けているかを確認しましょう。②は「め」を「ぬ」と書かないように気をつけさせましょう。

44・45ページ

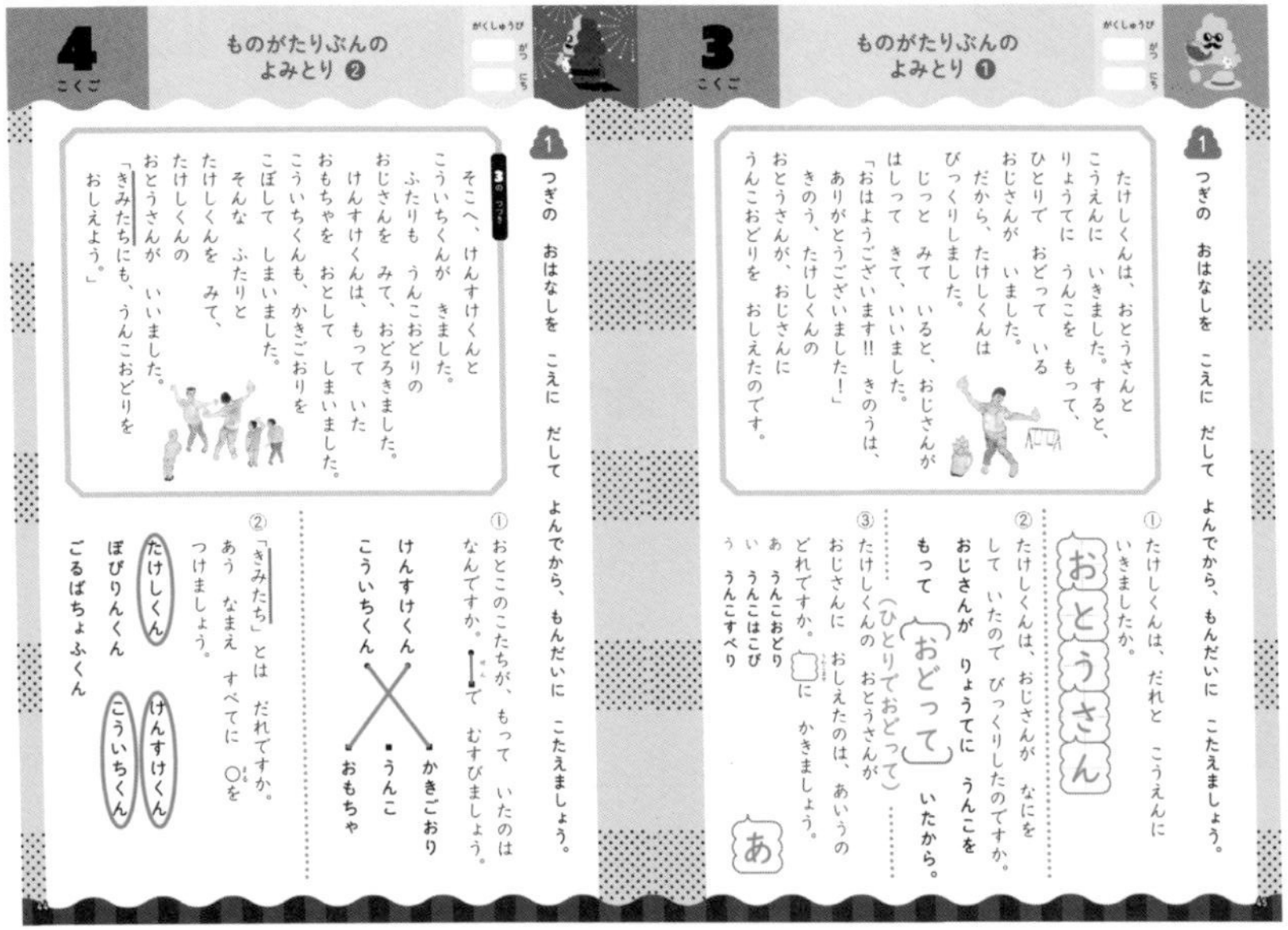
こくご 3 ものがたりぶんの よみとり ❶

がくしゅうび がつ にち

1 つぎの おはなしを こえに だして よんでから、もんだいに こたえましょう。

たけしくんは、おとうさんと こうえんに いきました。すると、りょうてに うんこを もって、ひとりで おどって いる おじさんが いました。だから、たけしくんは びっくりしました。

じっと みて いると、おじさんが はしって きて、いいました。

「おはようございます!! きのうは、ありがとうございました!」

きのう、たけしくんの おとうさんが、おじさんに うんこおどりを おしえたのです。

① たけしくんは、だれと こうえんに いきましたか。 おとうさん

② たけしくんは、おじさんが なにを して いたので びっくりしたのですか。 おじさんが りょうてに うんこを もって おどって（ひとりでおどって） いたから。

③ たけしくんの おとうさんが おじさんに おしえたのは、あ・い・うの どれですか。□に かきましょう。 あ うんこおどり い うんこはこび う うんこすべり　あ

こくご 4 ものがたりぶんの よみとり ❷

がくしゅうび がつ にち

1 つぎの おはなしを こえに だして よんでから、もんだいに こたえましょう。

3の つづき

そこへ、けんすけくんと こういちくんが きました。ふたりも うんこおどりの おじさんを みて、おどろきました。けんすけくんは、もって いた おもちゃを おとして しまいました。こういちくんも、かきごおりを こぼして しまいました。そんな ふたりと たけしくんを みて、おとうさんが いいました。

「きみたちにも、うんこおどりを おしえよう。」

① おとこのこたちが、もって いたのは なんですか。•―•で むすびましょう。 けんすけくん―おもちゃ こういちくん―かきごおり（かきごおり・うんこ・おもちゃ）

② 「きみたち」とは だれですか。あう なまえ すべてに ○を つけましょう。 たけしくん けんすけくん ぼびりんくん こういちくん ごるばちょふくん

3

1 ①第一段落について問われています。この場面には、たけしくんを含めて三人が登場します。しっかりと捉えられるようにしましょう。②「だから」という接続詞に注目させ、その理由が前に書かれていることに気づかせると、答えが導き出せます。③「うんこおどり」という名称は、最後に出てきます。最後まで読み落とさないよう、注意が必要です。

4

1 ①けんすけくんとこういちくんが新たに登場します。「けんすけくんは」「こういちくんも」という主語に注目させ、それぞれの持ち物を確認するよう促しましょう。②改めてこの物語の登場人物を確認しましょう。また、「きみたち」は複数を表す言葉だということに気づかせてあげてください。

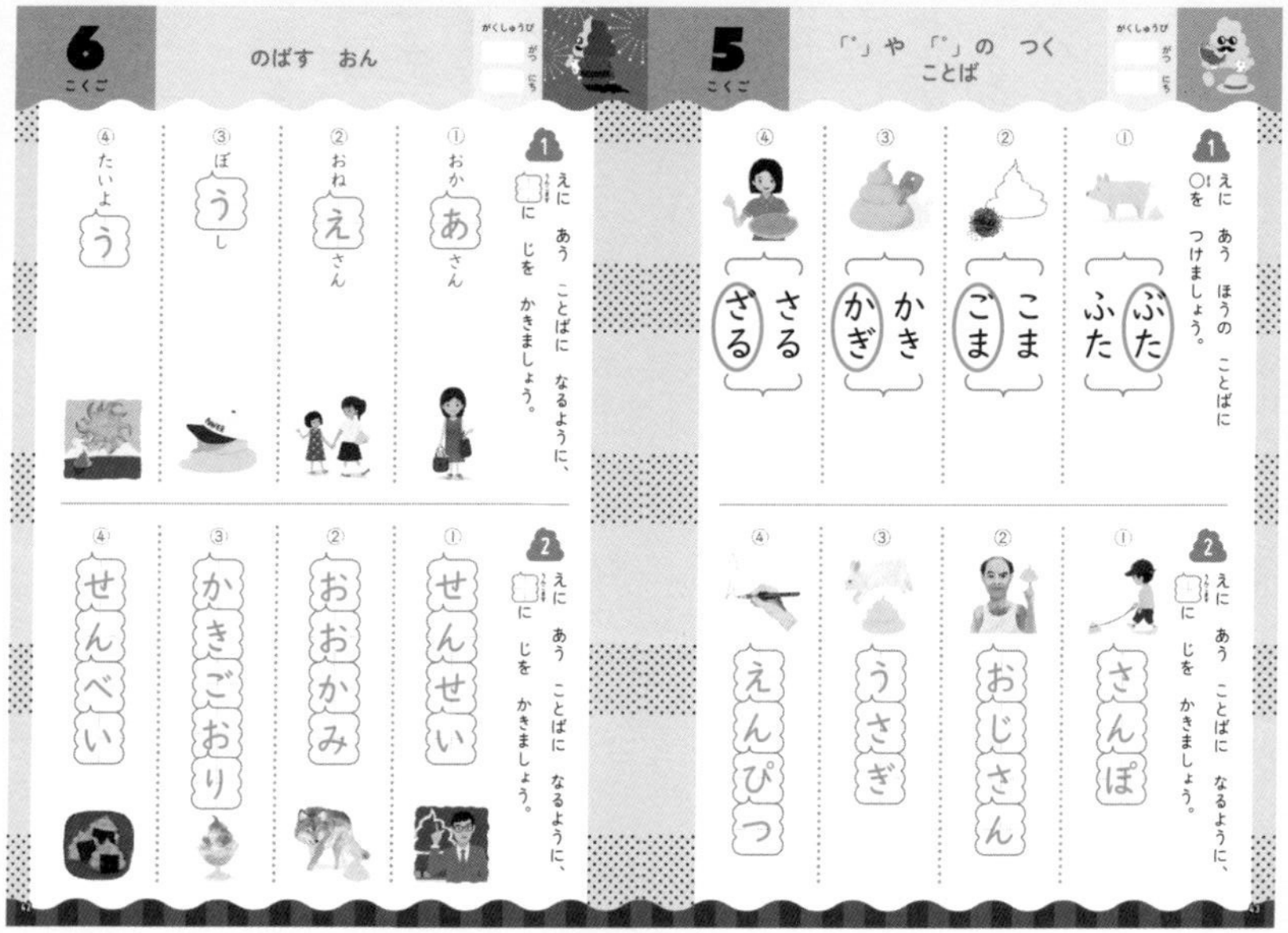

5 1 清音の言葉に濁点をつけると意味が変わる言葉です。声に出して違いを確かめると、より理解が深まります。「まと」と「まど」、「てんき」と「でんき」など、ほかにも濁点によって意味の変わる言葉を探してみると、学びが広がるでしょう。2 濁音や半濁音のある言葉を書く問題です。濁点や半濁点の書き方や書く位置が適切かどうか見てあげましょう。

6 1 2 長音の平仮名表記についての問題です。平仮名は片仮名のように長音符（「ー」）を使わずに、現代仮名遣いで表記します。基本的に、ア列～エ列の長音は、その前の文字の母音を受けた表記に、オ列の長音は「う」を添えた表記にするというルールがありますが、「せんべい」「こおり」のように例外もありますので、注意が必要です。

7 1 2 拗音（ゃ・ゅ・ょ）や促音（っ）の平仮名表記の問題です。書くときは、ますを十字に仕切った右上部分におさまるように書くことを意識させましょう。

8 1 一文字目と字数をヒントに、当てはまる言葉を書く問題です。問題文をよく読み、拗音か促音を含む言葉であることを理解したうえで解くようにさせましょう。

36・37ページ

11 スペシャル
だれの うんこかな？
うんこが もちぬしの ようすを はなして いるよ。
だれの うんこか わかるかな？
うんこの もちぬしを みつけて、あ い う え の
だれなのかを □に かこう。
・めがねを かけて いるぜ。
・はちまきを まいて いるぜ。
え
・なすを もって いるよ。
・ぼくと そっくりの かおを して いるんだ。
い
・きみどりの ふくを きて いるの。
・おはなが だいすきなの。
あ
・かみのけは ながいぞ。
・いつも ほんを もって いるぞ。
う

11 うんこの話をよく読んで、合う人の記号を書きましょう。話は、最後まで読まないと限定できないものもあります。一つ目だけで決めてしまわないよう、確認するようにしましょう。

38・39ページ

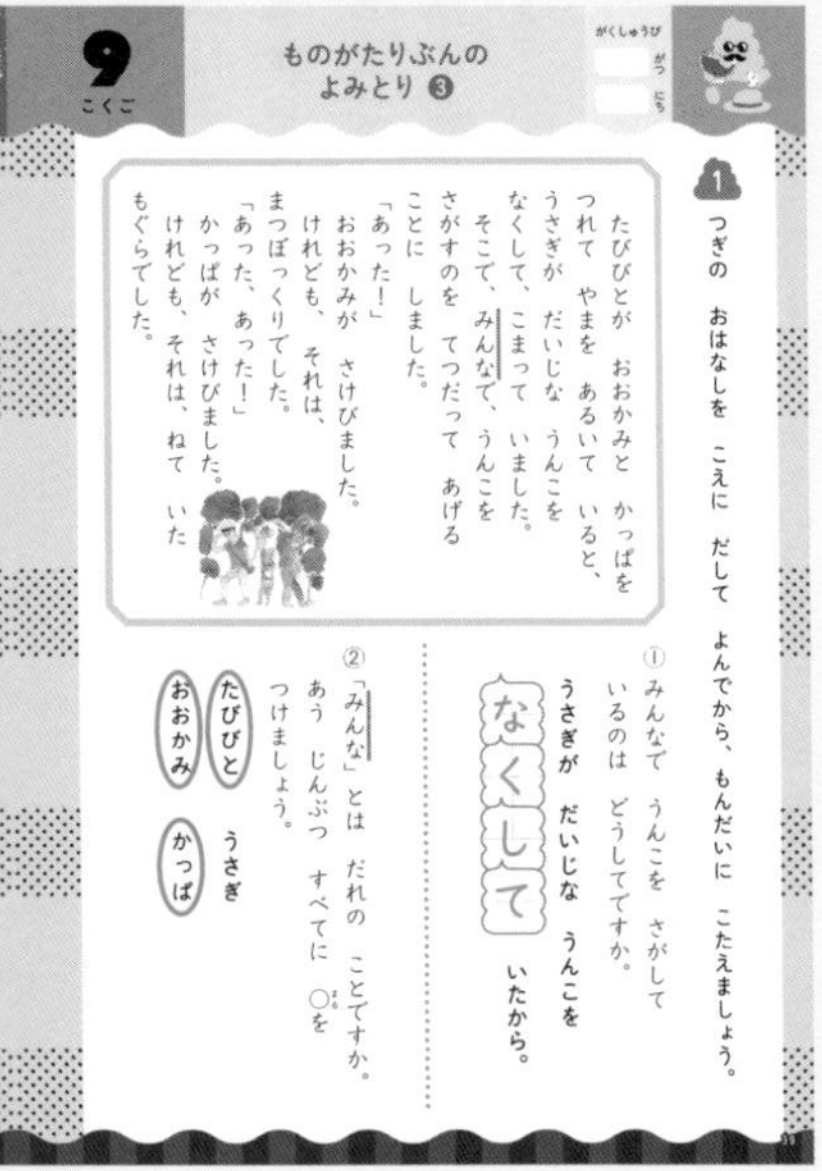
9 こくご
ものがたりぶんの よみとり ③
がくしゅうび がつ にち
1 つぎの おはなしを こえに だして よんでから、もんだいに こたえましょう。
たびびとが おおかみと かっぱを つれて やまを あるいて いると、うさぎが だいじな うんこを なくして、こまって いました。

そこで、みんなで、うんこを さがすのを てつだって あげる ことに しました。

「あった！」

おおかみが さけびました。

けれども、それは、まつぼっくりでした。

「あった、あった！」

かっぱが、さけびました。

けれども、それは、ねて いた もぐらでした。
① みんなで うんこを さがして いるのは どうしてですか。
うさぎが だいじな うんこを なくして いたから。
② 「みんな」とは だれの ことですか。あう じんぶつ すべてに ○を つけましょう。
たびびと うさぎ おおかみ かっぱ

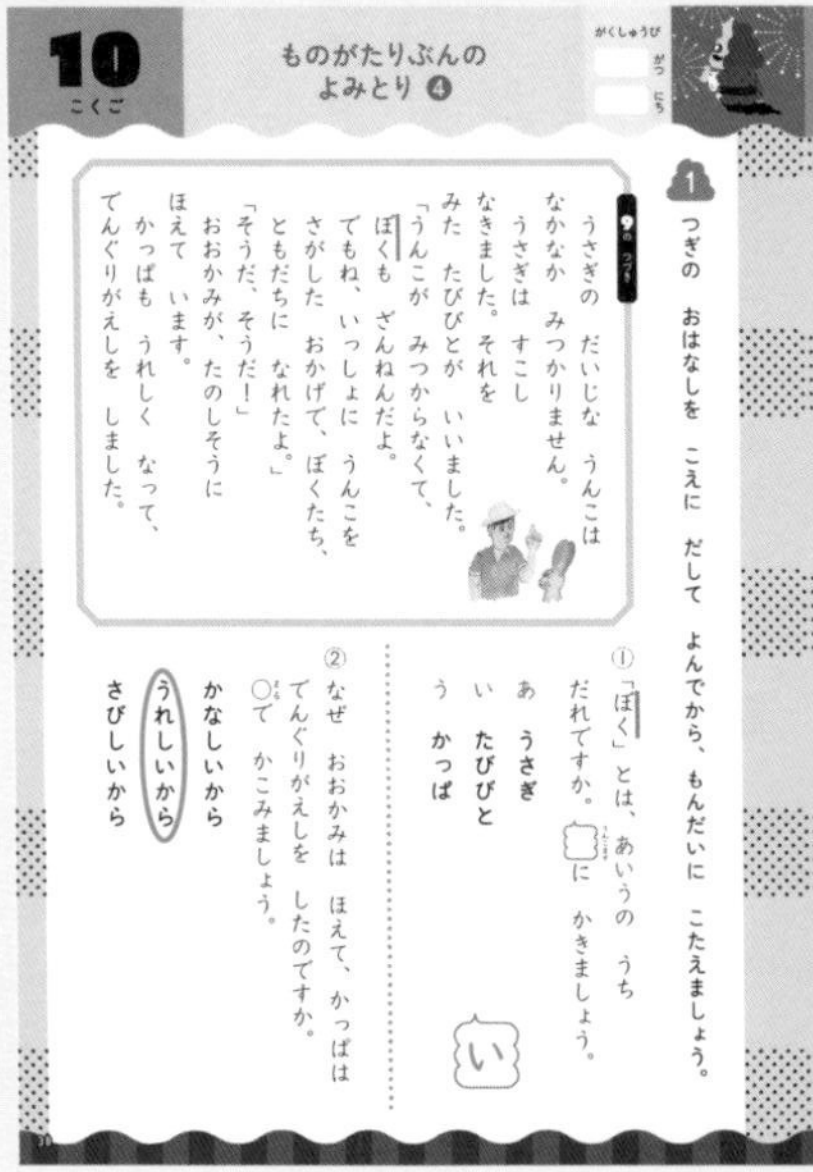
10 こくご
ものがたりぶんの よみとり ④
がくしゅうび がつ にち
1 つぎの おはなしを こえに だして よんでから、もんだいに こたえましょう。
9の つづき
うさぎの だいじな うんこは なかなか みつかりません。
うさぎは すこし なきました。それを みた たびびとが いいました。
「うんこが みつからなくて、ぼくも ざんねんだよ。でもね、いっしょに うんこを さがした おかげで、ぼくたち、ともだちに なれたよ。」
「そうだ、そうだ！」
おおかみが、たのしそうに ほえて います。
かっぱも うれしく なって、でんぐりがえしを しました。
① 「ぼく」とは、あいうの うち だれですか。□に かきましょう。
あ うさぎ
い たびびと
う かっぱ
い
② なぜ おおかみは ほえて、かっぱは でんぐりがえしを したのですか。○で かこみましょう。
かなしいから
うれしいから
さびしいから

9 1 ① 物語の因果関係を答える問題です。文章と解答部分の前後の文をよく読んで、どの部分が問われているのかを捉えるようにしましょう。② 文章をよく読んで、登場人物を確認したうえで、「みんな」が誰を指すのかを考えます。「てつだって」という言葉から、なくした本人であるうさぎは「みんな」には含まないということも確認させましょう。

10 1 ② 登場人物の台詞や行動から、気持ちやその変化を読み取ることができます。この問題だけでなく、旅人、うさぎ、おおかみ、かっぱが、それぞれどのような気持ちでいるのかを、お子さまと一緒に考えると学びが広がります。

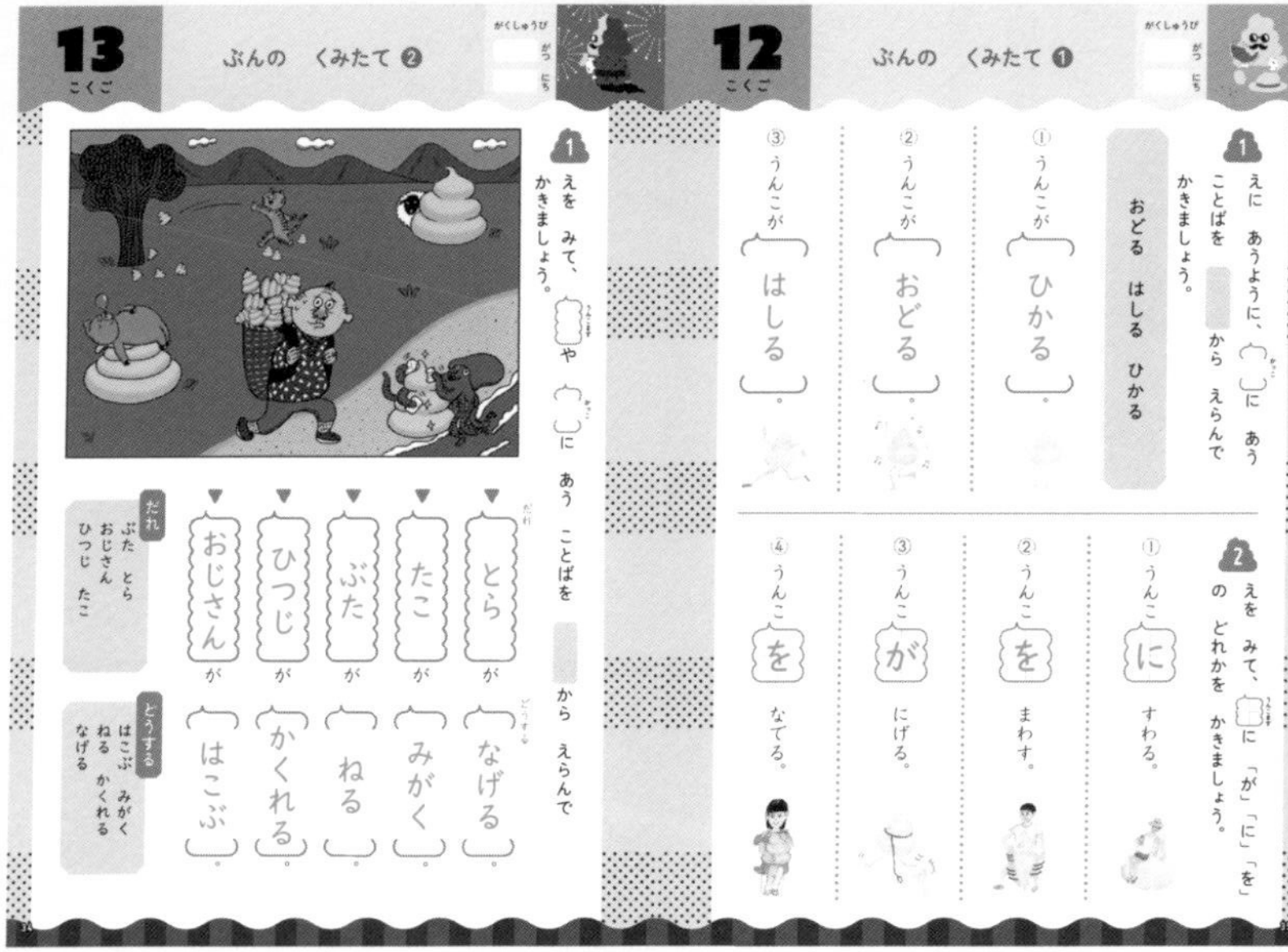

12

1 「何(だれ)が・どうする」という、主語・述語の構成になっている文です。主語はすべてうんこなので、絵と選択肢を見ながら、合う述語を選ぶようにしてください。

2 助詞の使い方を問う問題です。文の書き出しはいずれもうんこですが、主語となっているものだけではありません。絵を見て場面を捉えたうえで答えるようにしましょう。

13

1 絵を見ながら、「何(だれ)が・どうする」を捉える問題です。全体を捉えるのが難しい場合には、まずは主語となるものを絵から見つけて、主語の部分を埋めましょう。そのあとに、それぞれどの述語が当てはまるかを考えるようにしてください。順番は違っていてもかまいません。

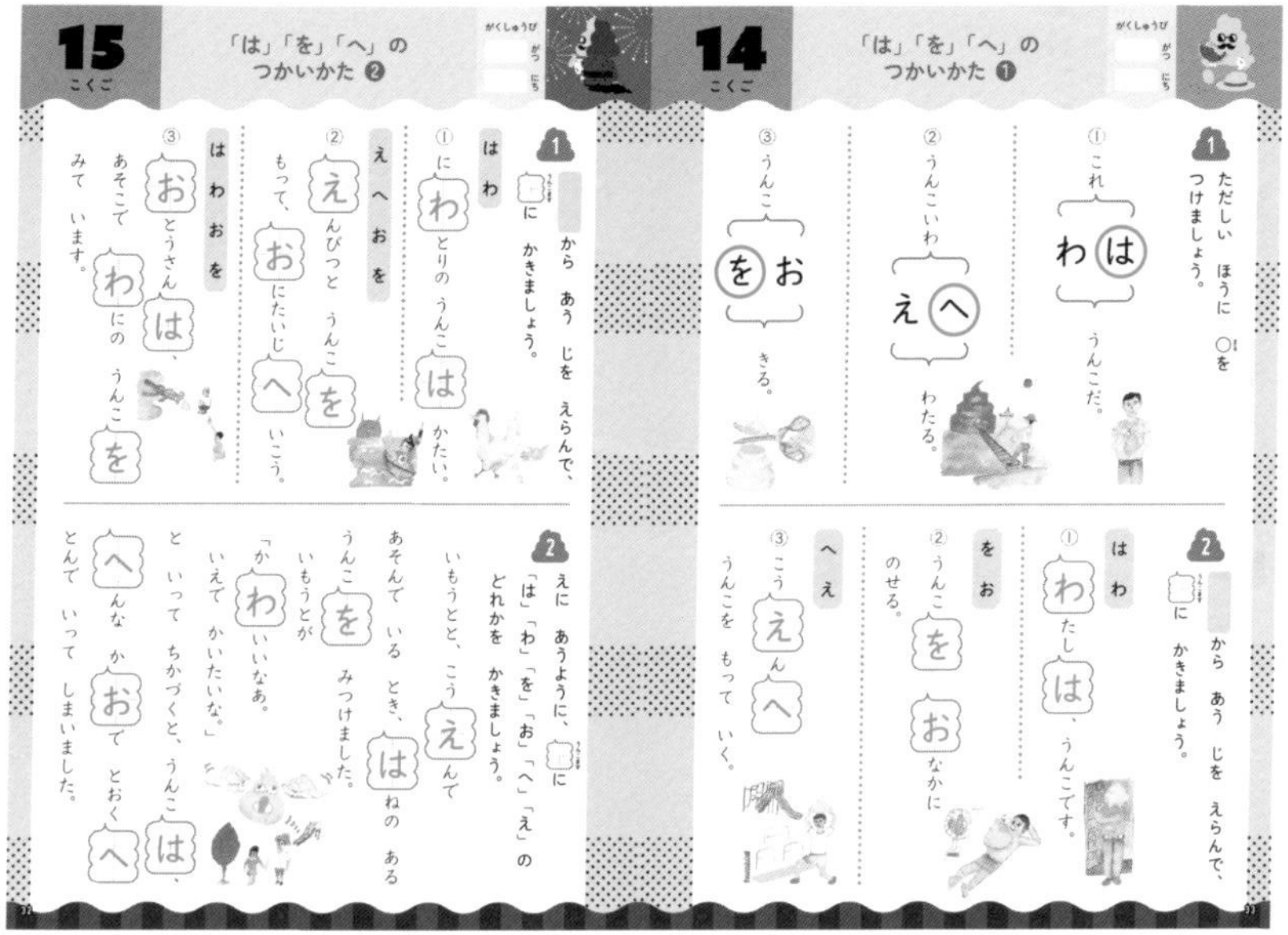

14

1 2 言葉の下につく助詞の「ワ」「オ」「エ」は「わ」「お」「え」ではなく、「は」「を」「へ」を用います。文章の中でどのように用いられているかを確認し、どちらで表記するかを答えられるようにしましょう。

15

1 ② ③ 選択肢が多くなっています。まずは絵をヒントに、文を声に出して読み、内容をしっかり捉えてから、どの文字が当てはまるかを考えるようにしてみてください。

2 文章が長いので、はじめから最後までを読んで答えるのは難しいかもしれません。一文ごとに区切って考えると、答えやすいです。また、複数使う文字もあるので、そのことにも気づかせてあげてください。

18 ① 「。」（句点）「、」（読点）の使い方を問う問題です。「。」は文の終わりに、「、」は文の途中につけます。ますの中のどの位置に書くのかも、気をつけるようにさせましょう。

19 ① 絵を見て、しりとりを完成させる問題です。筆順や字形を意識して平仮名を書くよう促しましょう。なぞりになっている文字が手がかりになることに気づかせてあげてください。

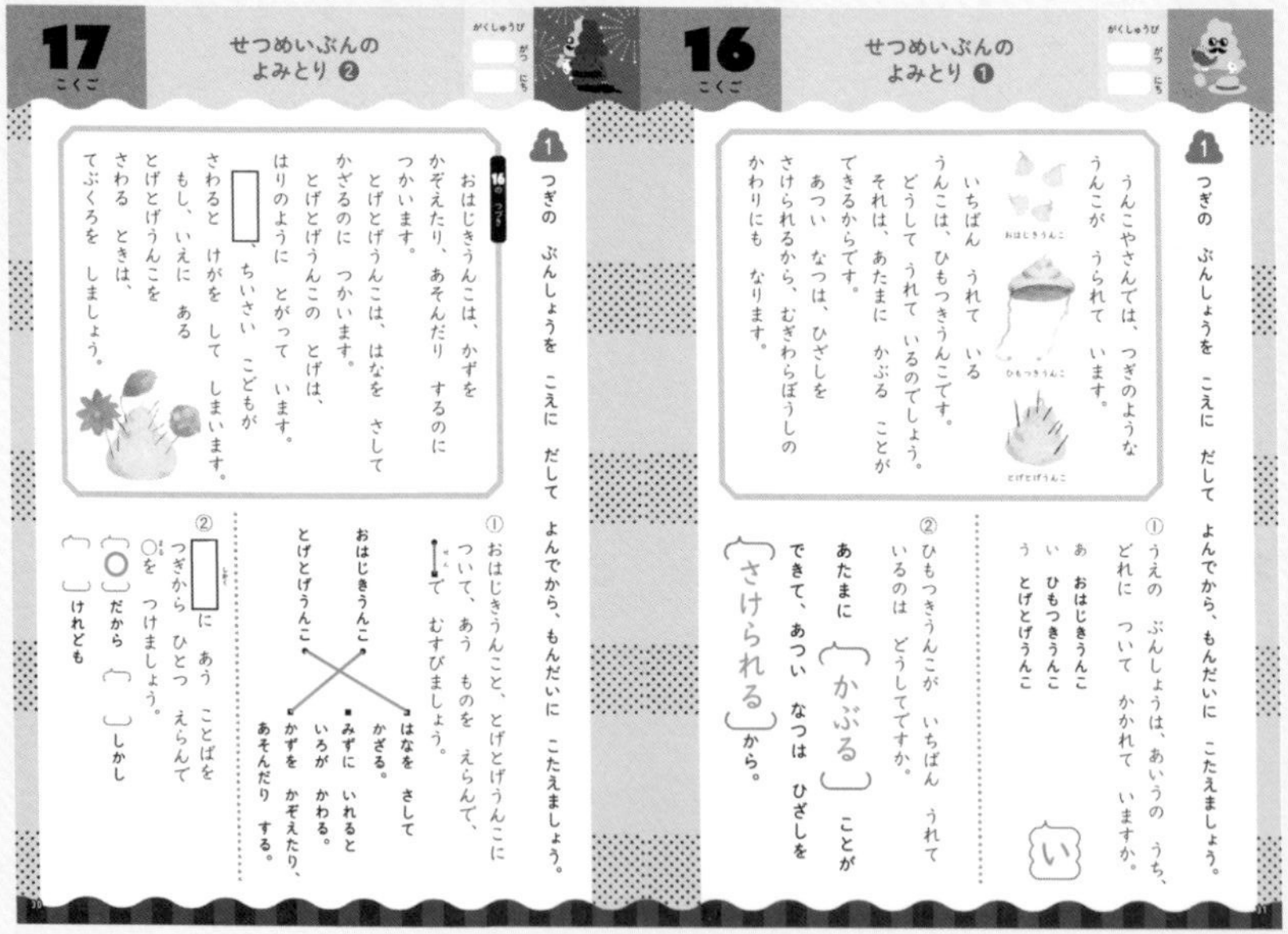

16 ① ①絵が三つ出てきていますが、このページでは「ひもつきうんこ」についてのみ書かれていることを捉えているかを確認します。②ひもつきうんこの機能や効果について問われています。順を追って、丁寧に文章を読むようにさせてください。

17 ① ①第一・第二段落をしっかり読んで答える問題です。線で結ぶ解答形式であることにも注意させてください。②前の文と後ろの文をよく読み、その関係性を考えるとよいでしょう。ここでは後の文の理由が前の文に述べられているので、順接である「だから」を使います。

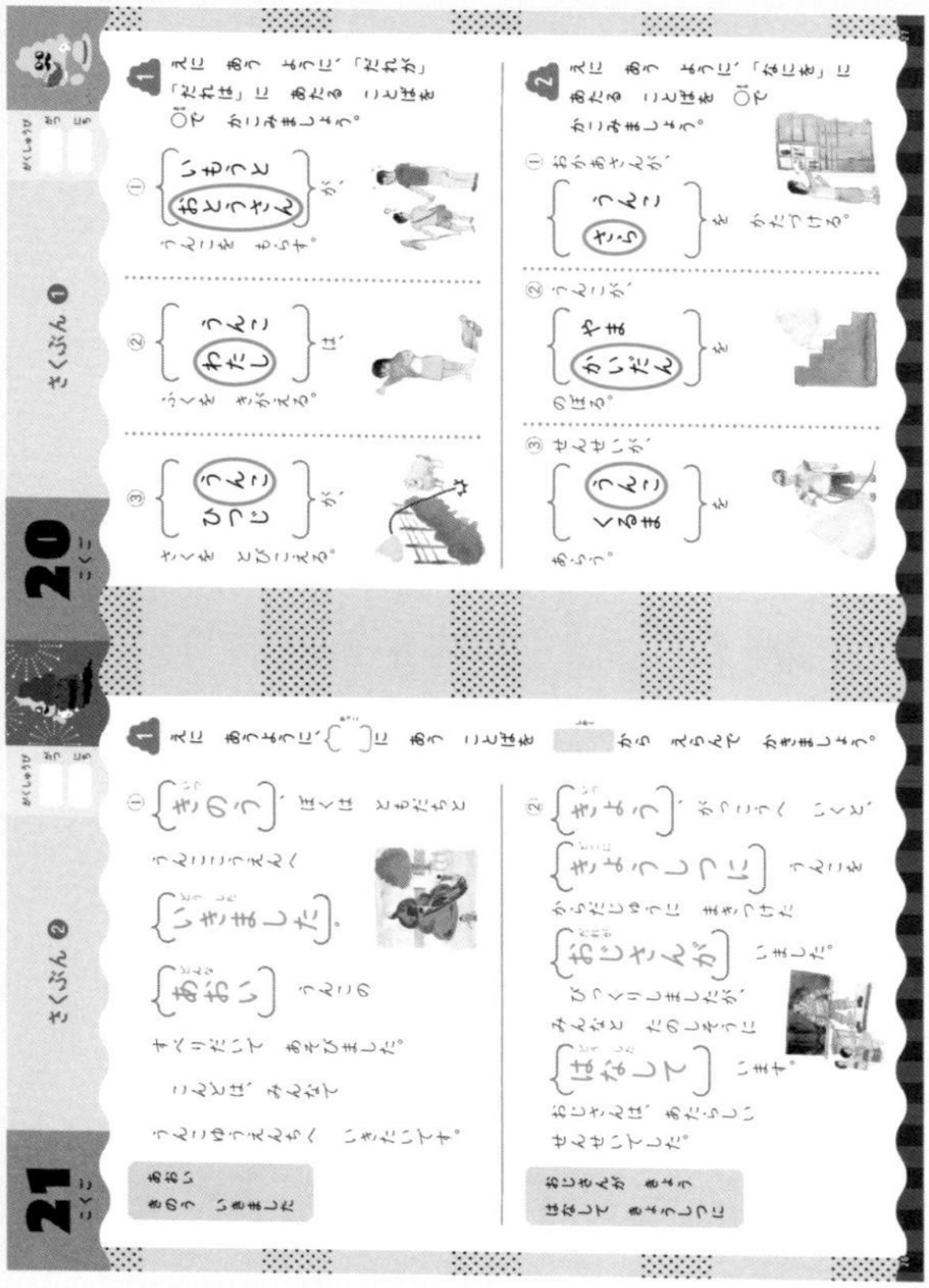

20 こくご　さくぶん ❶

1 えに　あう　ように、「だれが」「だれは」に　あたる　ことばを　○で　かこみましょう。

① ｛いもうと／おとうさん｝が、うんこを　もらす。

② ｛うんこ／わたし｝は、ふくを　きがえる。

③ ｛うんこ／ひつじ｝が、さくを　とびこえる。

2 えに　あう　ように、「なにを」に　あたる　ことばを　○で　かこみましょう。

① おかあさんが、｛うんこ／さら｝を　かたづける。

② うんこが、｛やま／かいだん｝を　のぼる。

③ せんせいが、｛うんこ／くるま｝を　あらう。

21 こくご　さくぶん ❷

1 えに　あうように、｛　｝に　あう　ことばを　□から　えらんで　かきましょう。

① ｛きのう｝、ぼくは　ともだちと　うんここうえんへ　｛いきました｝。｛あおい｝うんこの　すべりだいで　あそびました。こんどは、みんなで　うんこゆうえんちへ　いきたいです。

あおい　きのう　いきました

② ｛きょう｝、がっこうへ　いくと、｛きょうしつに｝うんこを　からだじゅうに　まきつけた　｛おじさんが｝いました。びっくりしましたが、みんなと　たのしそうに　｛はなして｝います。おじさんは、あたらしい　せんせいでした。

おじさんが　きょう　はなして　きょうしつに

20 1 適切な主語を選ぶ問題です。絵を見ながら、考えるようにしましょう。

2 適切な目的語を選ぶ問題です。絵を見ながら様子を捉えて、考えられるようにしましょう。

21 1 「いつ」「どこで」「だれが」「どうした」などといった、作文するうえで重要な要素をおさえます。自分で作文する場合もこれらの要素を落とさず書くことが大切だということを理解させましょう。

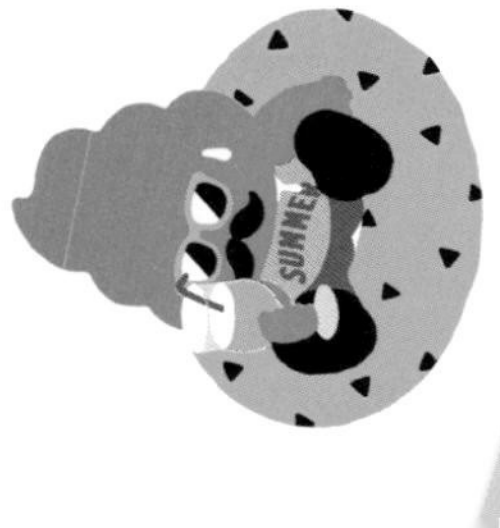

おまけ

うんこ学園
UNKO GAKUEN

ドリル《どりる》を　さいごまで
やれて　すごいのう！

すてきな　なつやすみを
すごせた　ようじゃな！

この　あとも
すてきな　なつを
すごして　くれい！

UNKO DRILL FOR THE SUMMER

算数のうんこ問題作りのページです。うんこが頭にのった人，うんこを頭にのせる人は，だれでも構いません。浮かばなければ，身近な人にしてもよいでしょう。うんこの数も自由ですので，オリジナルの楽しい問題にしましょう。

うんこ例文作りのページです。「うんこ」と「たのしい」を使った文を作れていたら正解です。イラストの様子以外を書いていても構いません。自由で楽しい例文を作れていたら，たくさんほめてあげましょう。

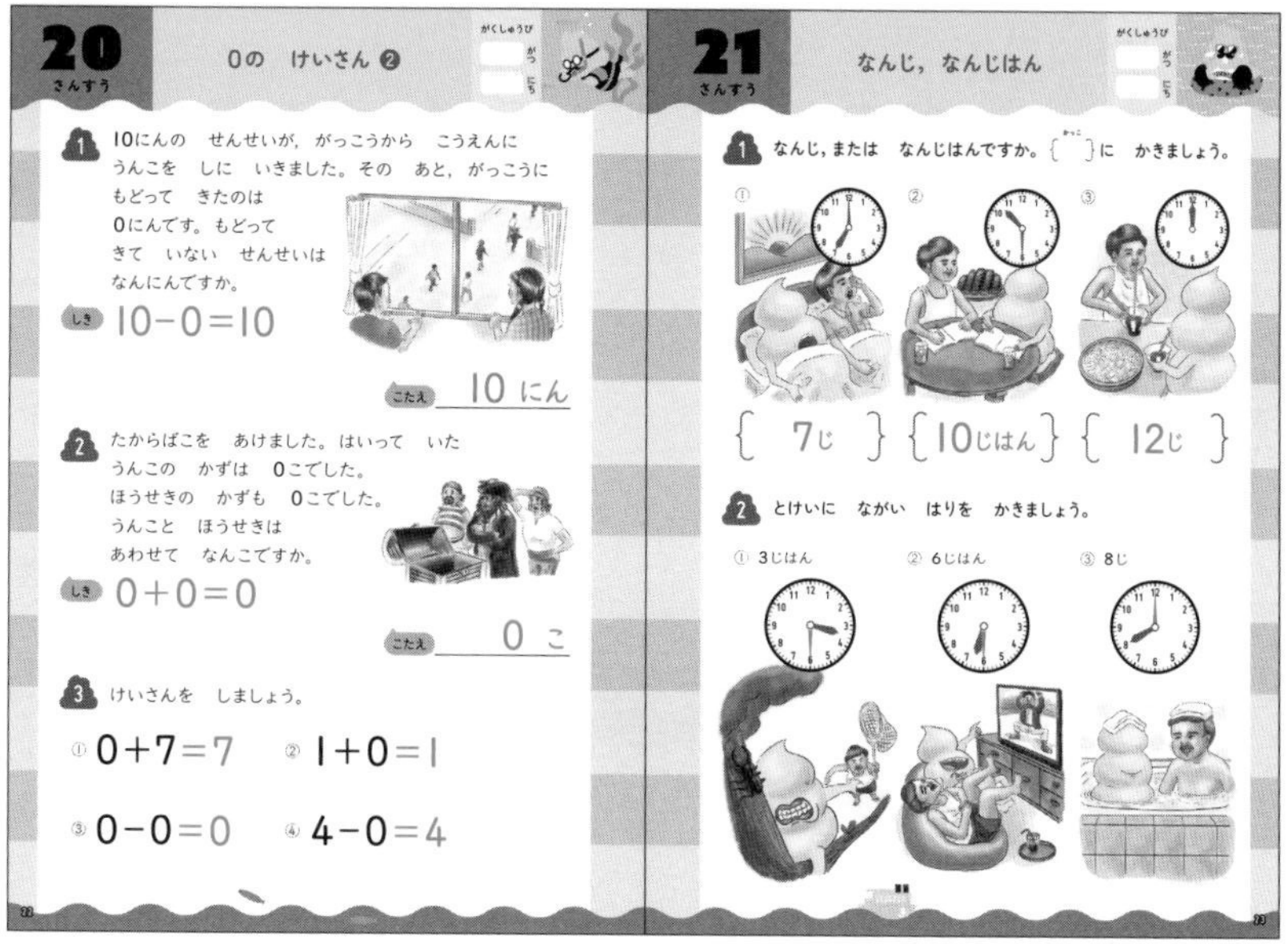

20 さんすう 0の けいさん ❷

がくしゅうび がつ にち

1 10にんの せんせいが，がっこうから こうえんに うんこを しに いきました。その あと，がっこうに もどって きたのは 0にんです。もどって きて いない せんせいは なんにんですか。

しき 10−0＝10

こたえ 10 にん

2 たからばこを あけました。はいって いた うんこの かずは 0こでした。ほうせきの かずも 0こでした。うんこと ほうせきは あわせて なんこですか。

しき 0＋0＝0

こたえ 0 こ

3 けいさんを しましょう。

① 0＋7＝7　② 1＋0＝1

③ 0−0＝0　④ 4−0＝4

21 さんすう なんじ，なんじはん

がくしゅうび がつ にち

1 なんじ，または なんじはんですか。〔 〕に かきましょう。

① 〔 7じ 〕　② 〔 10じはん 〕　③ 〔 12じ 〕

2 とけいに ながい はりを かきましょう。

① 3じはん　② 6じはん　③ 8じ

20 2 ０と０の計算でも，式を立てることができます。どのような場合でも式を立てることはできるので，文章を読んで場面を捉え，たし算なのかひき算なのかを考えるように促しましょう。

---

21 1「何時」「何時半」の時刻を読み取る問題です。日常で触れているのがデジタル時計ばかりだと，特に「何時半」の時刻を読み取るのが難しい場合があります。短針が何時と何時の間を指しているか，しっかり確認させるようにしましょう。

2「何時」「何時半」のどちらであるかを確認させ，長針が12と6のどちらを指すのかを考えさせましょう。

18・19 ページ

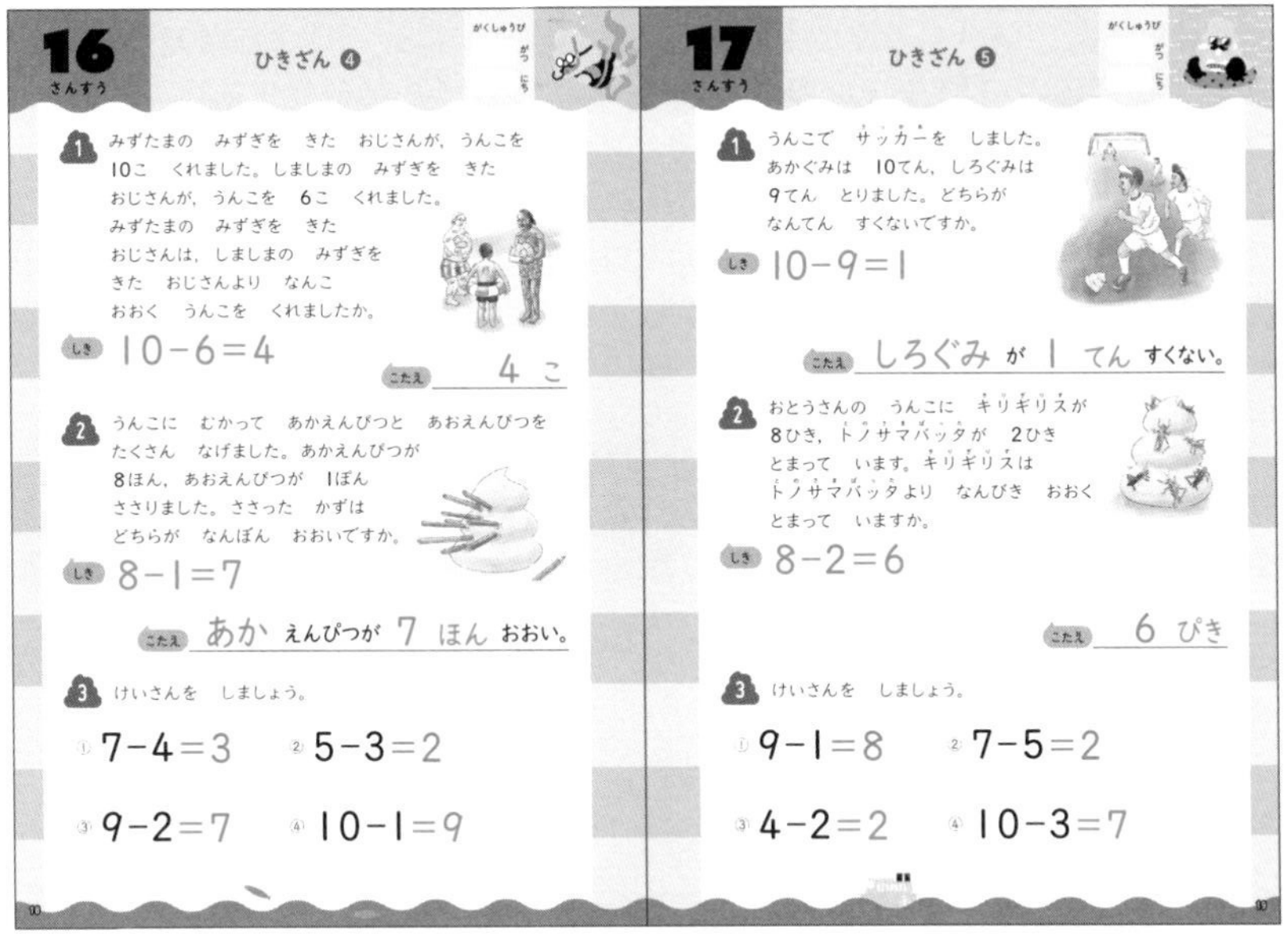
16 さんすう ひきざん 4

1 みずたまの みずぎを きた おじさんが，うんこを 10こ くれました。しましまの みずぎを きた おじさんが，うんこを 6こ くれました。みずたまの みずぎを きた おじさんは，しましまの みずぎを きた おじさんより なんこ おおく うんこを くれましたか。

しき 10−6=4　こたえ 4 こ

2 うんこに むかって あかえんぴつと あおえんぴつを たくさん なげました。あかえんぴつが 8ほん，あおえんぴつが 1ぽん ささりました。ささった かずは どちらが なんぼん おおいですか。

しき 8−1=7　こたえ あか えんぴつが 7 ほん おおい。

3 けいさんを しましょう。

① 7−4=3　② 5−3=2　③ 9−2=7　④ 10−1=9

17 さんすう ひきざん 5

1 うんこで サッカーを しました。あかぐみは 10てん，しろぐみは 9てん とりました。どちらが なんてん すくないですか。

しき 10−9=1　こたえ しろぐみ が 1 てん すくない。

2 おとうさんの うんこに キリギリスが 8ひき，トノサマバッタが 2ひき とまって います。キリギリスは トノサマバッタより なんびき おおく とまって いますか。

しき 8−2=6　こたえ 6 ぴき

3 けいさんを しましょう。

① 9−1=8　② 7−5=2　③ 4−2=2　④ 10−3=7

16・17 "求差"の場面のひき算です。 まずは求差であることから，ひき算を使うことを捉えさせます。求差の問題では,文章に出てくる順に「ひかれる数」「ひく数」とすることができない場合もあります。 差を求めるには，大きい数から小さい数をひく必要があることを理解させましょう。

20・21 ページ

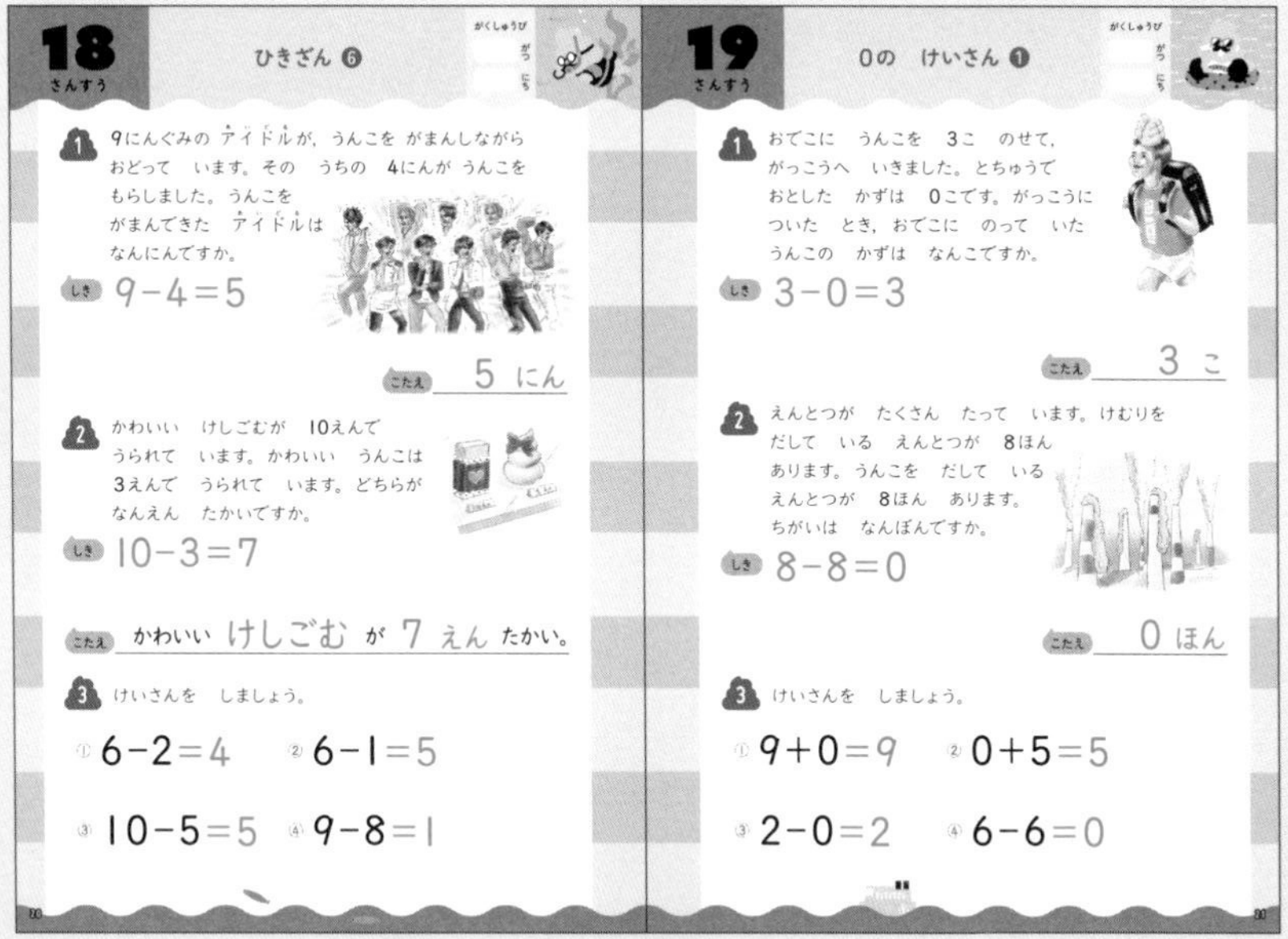
18 さんすう ひきざん 6

1 9にんぐみの アイドルが，うんこを がまんしながら おどって います。その うちの 4にんが うんこを もらしました。うんこを がまんできた アイドルは なんにんですか。

しき 9−4=5　こたえ 5 にん

2 かわいい けしごむが 10えんで うられて います。かわいい うんこは 3えんで うられて います。どちらが なんえん たかいですか。

しき 10−3=7　こたえ かわいい けしごむ が 7 えん たかい。

3 けいさんを しましょう。

① 6−2=4　② 6−1=5　③ 10−5=5　④ 9−8=1

19 さんすう 0の けいさん 1

1 おでこに うんこを 3こ のせて，がっこうへ いきました。とちゅうで おとした かずは 0こです。がっこうに ついた とき，おでこに のって いた うんこの かずは なんこですか。

しき 3−0=3　こたえ 3 こ

2 えんとつが たくさん たって います。けむりを だして いる えんとつが 8ほん あります。うんこを だして いる えんとつが 8ほん あります。ちがいは なんぼんですか。

しき 8−8=0　こたえ 0 ほん

3 けいさんを しましょう。

① 9+0=9　② 0+5=5　③ 2−0=2　④ 6−6=0

18 "求差"・"求残"の場面のひき算です。 2 のように，「どちらがどれだけ」と答える問題では，数を正しく求められていても，文章をよく読んでいないために，答えの主語となる部分を間違える場合が多くみられます。 問題文で何を聞かれているかということを，最後まで注意して読み取るよう意識させましょう。

19「１つもない」ことを「０」で表しますが，数の概念としては理解できていても，計算として式を立てる際には，たし算なのかひき算なのかがわかりづらいなど，間違いやすくなります。 文章をよく読んで式を立てられるようにさせましょう。 また 2 の「８−８＝０」のように，答えが０になる場合も，式として表せることを理解させましょう。

14・15 ページ

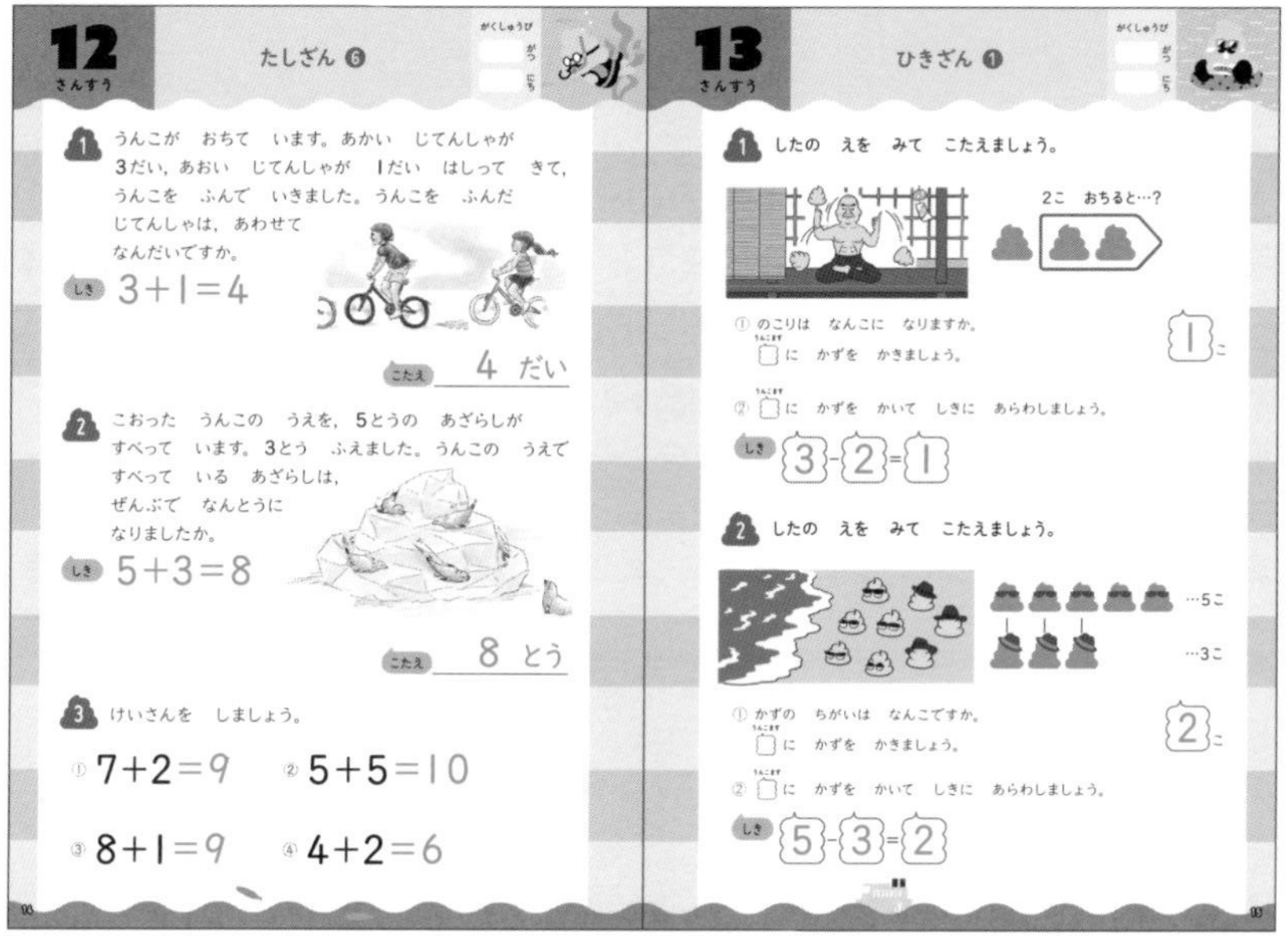

12 さんすう たしざん 6

1 うんこが おちて います。あかい じてんしゃが 3だい，あおい じてんしゃが 1だい はしって きて，うんこを ふんで いきました。うんこを ふんだ じてんしゃは，あわせて なんだいですか。

しき 3+1=4　こたえ 4 だい

2 こおった うんこの うえを，5とうの あざらしが すべって います。3とう ふえました。うんこの うえで すべって いる あざらしは，ぜんぶで なんとうに なりましたか。

しき 5+3=8　こたえ 8 とう

3 けいさんを しましょう。

① 7+2=9　② 5+5=10

③ 8+1=9　④ 4+2=6

13 さんすう ひきざん 1

1 したの えを みて こたえましょう。

2こ おちると…？

① のこりは なんこに なりますか。□に かずを かきましょう。　1こ

② □に かずを かいて しきに あらわしましょう。

しき 3-2=1

2 したの えを みて こたえましょう。

…5こ
…3こ

① かずの ちがいは なんこですか。□に かずを かきましょう。　2こ

② □に かずを かいて しきに あらわしましょう。

しき 5-3=2

12 10までのたし算は，夏休み後に学習する，くり上がりのあるたし算の基礎になります。 お子さんが苦手と感じているようであれば，付録の「うんこたしざんひょう」を使って，習熟を図っておくとよいでしょう。

13 1「のこりは　いくつ」という，"求残"の場面のひき算です。 減っていくつ(何個)になるかということを理解するのと共に，それを式に表すことを意識させましょう。

2「ちがいは　いくつ」という，"求差"の場面のひき算です。 求残と異なり，どちらの数が大きいかを考えて，「ひかれる数」を自分で見出す必要があります。 イラストを見て，何個あるのかをはじめに捉えられるようにさせましょう。

16・17 ページ

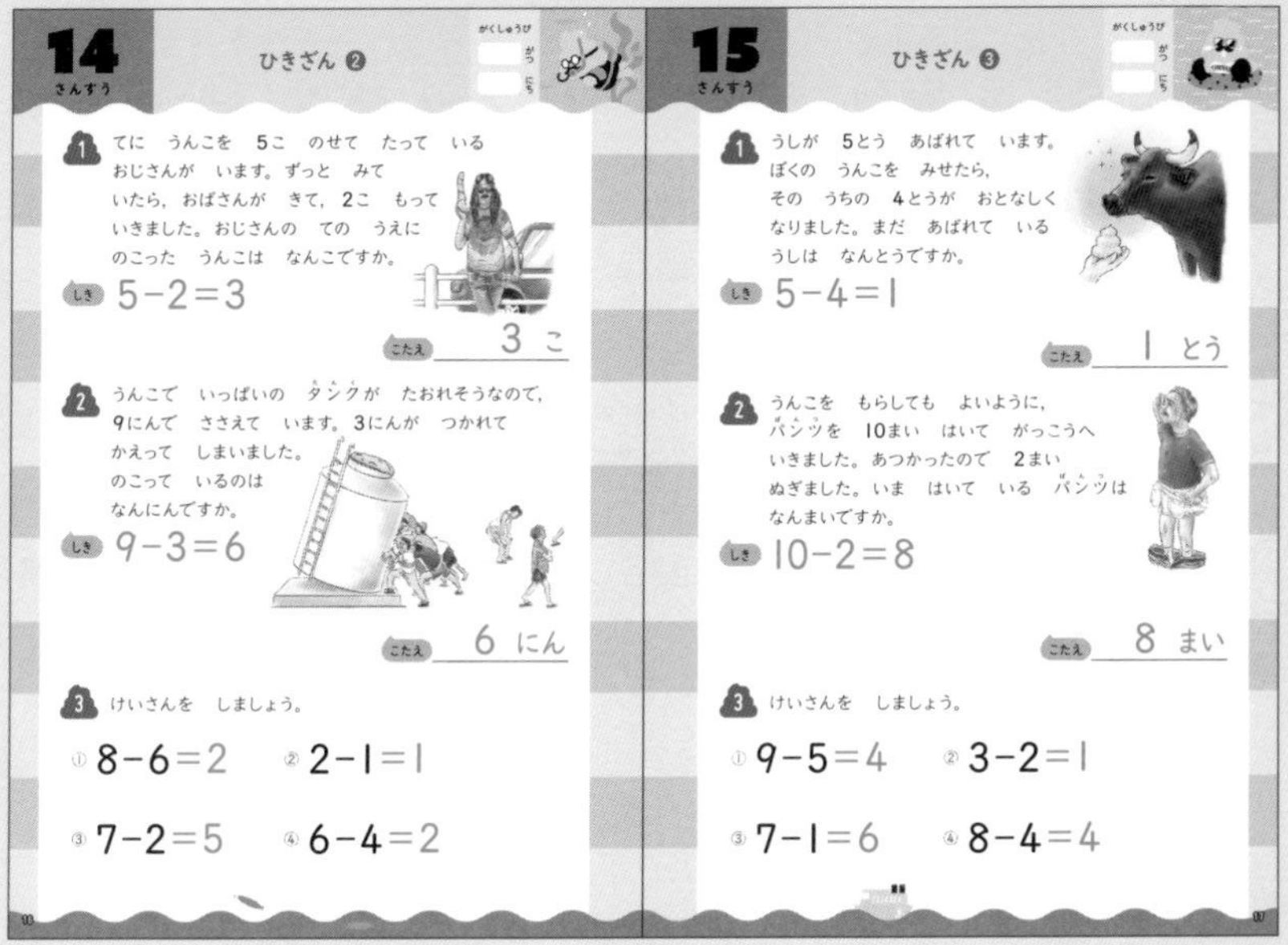

14 さんすう ひきざん 2

1 てに うんこを 5こ のせて たって いる おじさんが います。ずっと みて いたら，おばさんが きて，2こ もって いきました。おじさんの ての うえに のこった うんこは なんこですか。

しき 5-2=3　こたえ 3 こ

2 うんこで いっぱいの タンクが たおれそうなので，9にんで ささえて います。3にんが つかれて かえって しまいました。のこって いるのは なんにんですか。

しき 9-3=6　こたえ 6 にん

3 けいさんを しましょう。

① 8-6=2　② 2-1=1

③ 7-2=5　④ 6-4=2

15 さんすう ひきざん 3

1 うしが 5とう あばれて います。ぼくの うんこを みせたら，その うちの 4とうが おとなしく なりました。まだ あばれて いる うしは なんとうですか。

しき 5-4=1　こたえ 1 とう

2 うんこを もらしても よいように，パンツを 10まい はいて がっこうへ いきました。あつかったので 2まい ぬぎました。いま はいて いる パンツは なんまいですか。

しき 10-2=8　こたえ 8 まい

3 けいさんを しましょう。

① 9-5=4　② 3-2=1

③ 7-1=6　④ 8-4=4

14 "求残"の場面のひき算です。「はじめの数－減った数」になるように式を立てることを意識させましょう。 文章を丁寧に読んで，場面を想起できるようにさせましょう。

15 "求残"の場面のひき算です。 ひかれる数が大きくなってくると，計算が簡単にはできない場合も出てくるでしょう。 いきなり答えを考えるのではなく，「式を立てる」ことをはじめの目標として，文章から場面をイメージすることを意識させましょう。

10・11 ページ

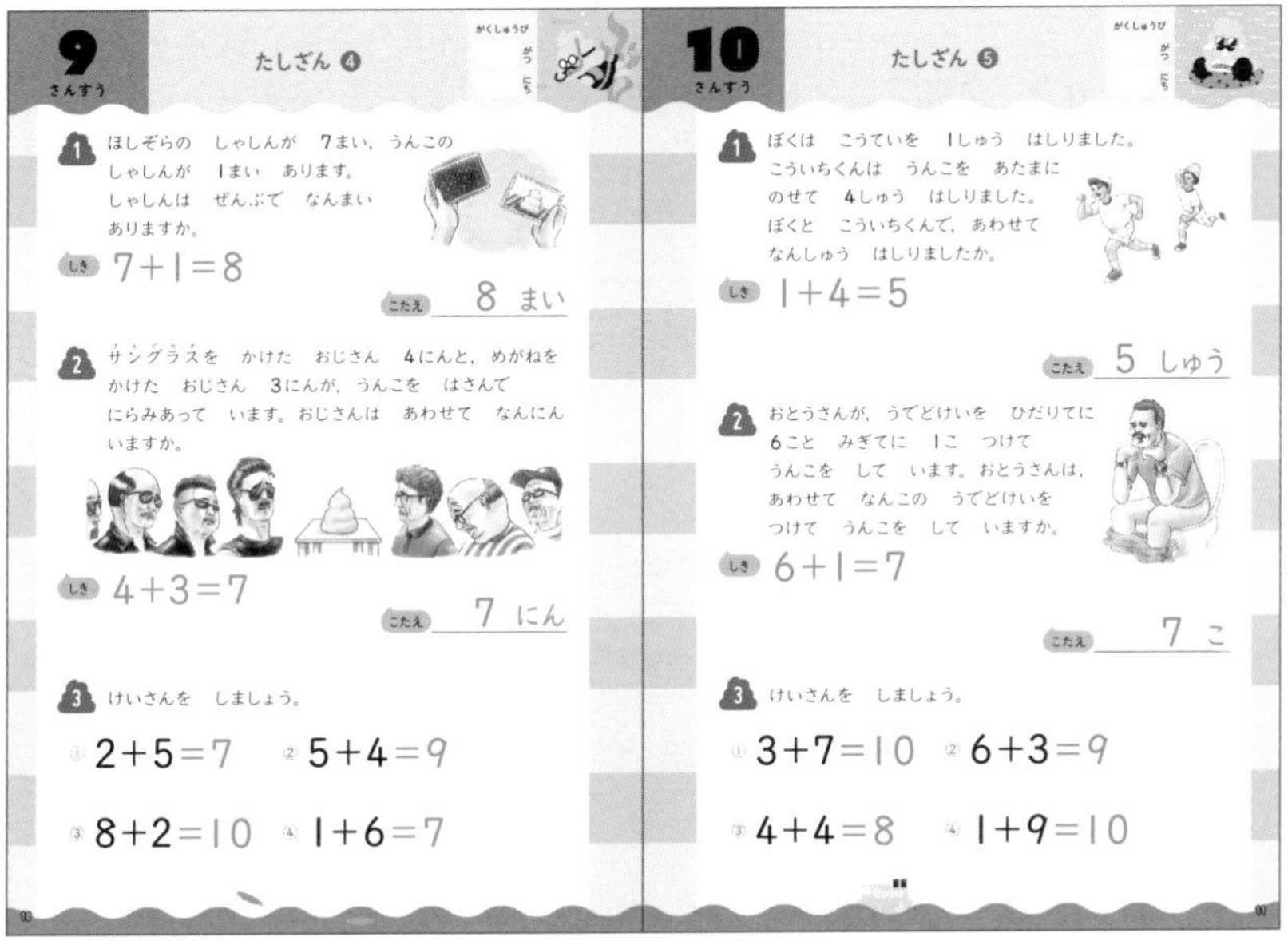
9 さんすう たしざん ④

1 ほしぞらの しゃしんが 7まい，うんこの しゃしんが 1まい あります。しゃしんは ぜんぶで なんまい ありますか。

しき 7+1=8　こたえ 8 まい

2 サングラスを かけた おじさん 4にんと，めがねを かけた おじさん 3にんが，うんこを はさんで にらみあって います。おじさんは あわせて なんにん いますか。

しき 4+3=7　こたえ 7 にん

3 けいさんを しましょう。

① 2+5=7　② 5+4=9

③ 8+2=10　④ 1+6=7

10 さんすう たしざん ⑤

1 ぼくは こうていを 1しゅう はしりました。こういちくんは うんこを あたまに のせて 4しゅう はしりました。ぼくと こういちくんで，あわせて なんしゅう はしりましたか。

しき 1+4=5　こたえ 5 しゅう

2 おとうさんが，うでどけいを ひだりてに 6こと みぎてに 1こ つけて うんこを して います。おとうさんは，あわせて なんこの うでどけいを つけて うんこを して いますか。

しき 6+1=7　こたえ 7 こ

3 けいさんを しましょう。

① 3+7=10　② 6+3=9

③ 4+4=8　④ 1+9=10

9 "合併"の場面のたし算です。まずは合併であることからたし算であることを捉えます。「はじめの数」はありませんが，文章題で式を立てる場合には，文章に出てくる順に数をたすという考え方で式を立てるようにすると，理解しやすくなります。

---

10 "合併"の場面のたし算です。「しゅう(周)」「こ(個)」というような助数詞が出てくる問題は,絵に起こして考えるということが難しくなります。計算をすることが難しい場合には，●などをかきながら考えさせてみるとよいでしょう。

12・13 ページ

11 スペシャル うんこは ロッカー《ろっかー》に しまおう！

うんこの おとしものが 4こ とどいたよ。つぎの ページの ロッカーの，どこに しまえば いいかな？

したの ぶんを よんで，あいうえの どこに しまえば いいかを □に かこう。

へたくそうんこ：さかさまうんこと ふわふわうんこの あいだ。 う

しましまうんこ：ほそいうんこの したで，ふわふわうんこの ひだり。 え

ひえひえうんこ：うえから 2ばんめで，ひだりから 3ばんめ。 い

キラキラうんこ：みぎから 2ばんめで，さかさまうんこの うえ。 あ

11 うんこをしまう場所を考えます。「○○と○○の間」「上から○番目」「○○の左」といった表現がポイントになります。文を読みながら，右ページのイラストを確認できるとよいでしょう。

5 さんすう なんばんめ

1 したの えを みて こたえましょう。

① まえから 3びきの うんこむしを ○で かこみましょう。

② まえから 3びきめの うんこむしを ○で かこみましょう。

2 したの えを みて，［ ］に こたえを かきましょう。□には かずを かきましょう。

うきわ ふね かに おじさん すいか やどかり

① ひだりから 5ばんめは，｛すいか｝です。

② みぎから 4ばんめは，｛かに｝です。

③ おじさんは ひだりから 4ばんめで，みぎから 3ばんめです。

6 さんすう たしざん ①

1 したの えを みて こたえましょう。

4ひき 1ぴき ふえると…？

① ふえると なんびきに なりますか。□に かずを かきましょう。 5ひき

② □に かずを かいて しきに あらわしましょう。

しき 4＋1＝5

2 したの えを みて こたえましょう。

1こ 2こ

① あわせると なんこに なりますか。□に かずを かきましょう。 3こ

② □に かずを かいて しきに あらわしましょう。

しき 1＋2＝3

5 1 ① は集合を表す数，② は順序を表す数です。「1 ばんめ, 2 ばんめ, ……」と数え，対象となるうんこむしに○をつけます。（① では, 1 匹ずつ○で囲んでいても正解として構いません。）

2 順序の概念に加えて，「左から」「右から」ということに気をつける必要があります。 ③ 同じ物でもどちらから数えるかによって順番が違ってくることがあることに気づかせましょう。

6 1「ふえると　いくつ」という，" 増加 " の場面のたし算です。 増えていくつ（何びき）になるかということを理解するのと共に，それを式に表すことを意識させましょう。

2「あわせて　いくつ」という，" 合併 " の場面のたし算です。「はじめの数」を考えることができないので，少し難しいかもしれません。 イラストの左右に対応して考えさせるようにするとわかりやすくなります。

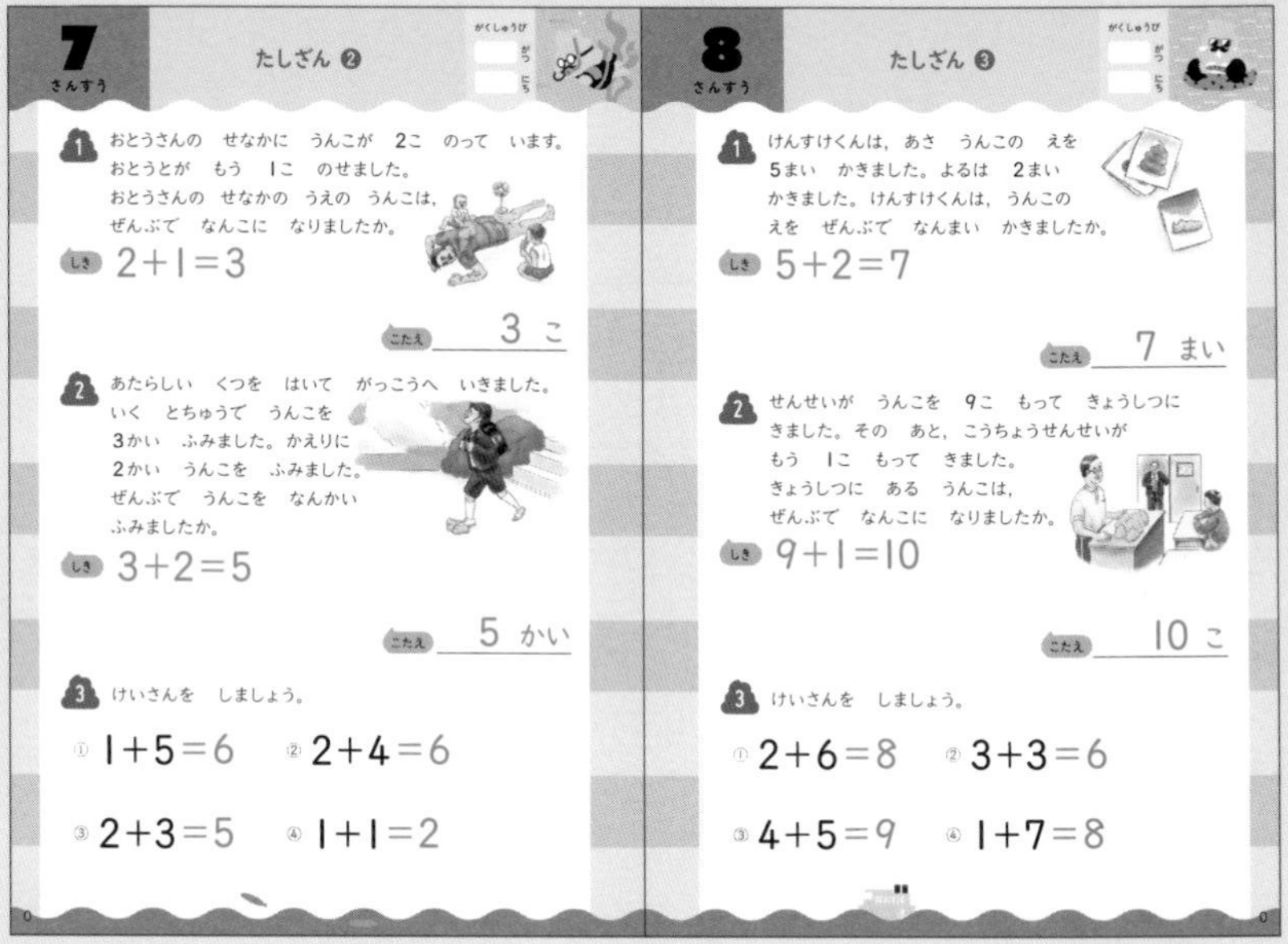

7 さんすう たしざん ②

1 おとうさんの せなかに うんこが 2こ のって います。おとうとが もう 1こ のせました。おとうさんの せなかの うえの うんこは，ぜんぶで なんこに なりましたか。

しき 2＋1＝3　こたえ 3こ

2 あたらしい くつを はいて がっこうへ いきました。いく とちゅうで うんこを 3かい ふみました。かえりに 2かい うんこを ふみました。ぜんぶで うんこを なんかい ふみましたか。

しき 3＋2＝5　こたえ 5かい

3 けいさんを しましょう。

① 1＋5＝6　② 2＋4＝6　③ 2＋3＝5　④ 1＋1＝2

8 さんすう たしざん ③

1 けんすけくんは，あさ うんこの えを 5まい かきました。よるは 2まい かきました。けんすけくんは，うんこの えを ぜんぶで なんまい かきましたか。

しき 5＋2＝7　こたえ 7まい

2 せんせいが うんこを 9こ もって きょうしつに きました。その あと，こうちょうせんせいが もう 1こ もって きました。きょうしつに ある うんこは，ぜんぶで なんこに なりましたか。

しき 9＋1＝10　こたえ 10こ

3 けいさんを しましょう。

① 2＋6＝8　② 3＋3＝6　③ 4＋5＝9　④ 1＋7＝8

7 " 増加 " の場面のたし算です。「はじめの数＋増えた数」になるように式を立てることを意識させましょう。

8 " 増加 " の場面のたし算です。 数が大きくなってくると，数え上げるという方法では答えを求めることが難しくなります。 まずは文章をしっかりと読んで式を立てるということを意識させましょう。 その式を見て，計算を考えさせるようにしましょう。

2・3 ページ

1 1 上の絵を見て１から５までの数量を数えて,数を数字で書く問題です。数え落とすことがないようにするため，絵に印などを入れながら数えさせるとよいでしょう。 また，正しい数字を書く練習でもあります。 数字の書き順や形，「２」「３」「５」などの丸みのある部分を丁寧に書けるように，意識させるとよいでしょう。

---

2 1 上の絵を見て６から10までの数量を数えて，数を数字で書く問題です。 数が大きくなるため,より丁寧に印を入れながら数え上げる必要があります。「いち,に,さん,……」と声に出しながら数えさせるとよいでしょう。また，「８」「９」は書くのが難しい数字です。 始点や運筆をしっかりおさえさせるようにしましょう。

4・5 ページ

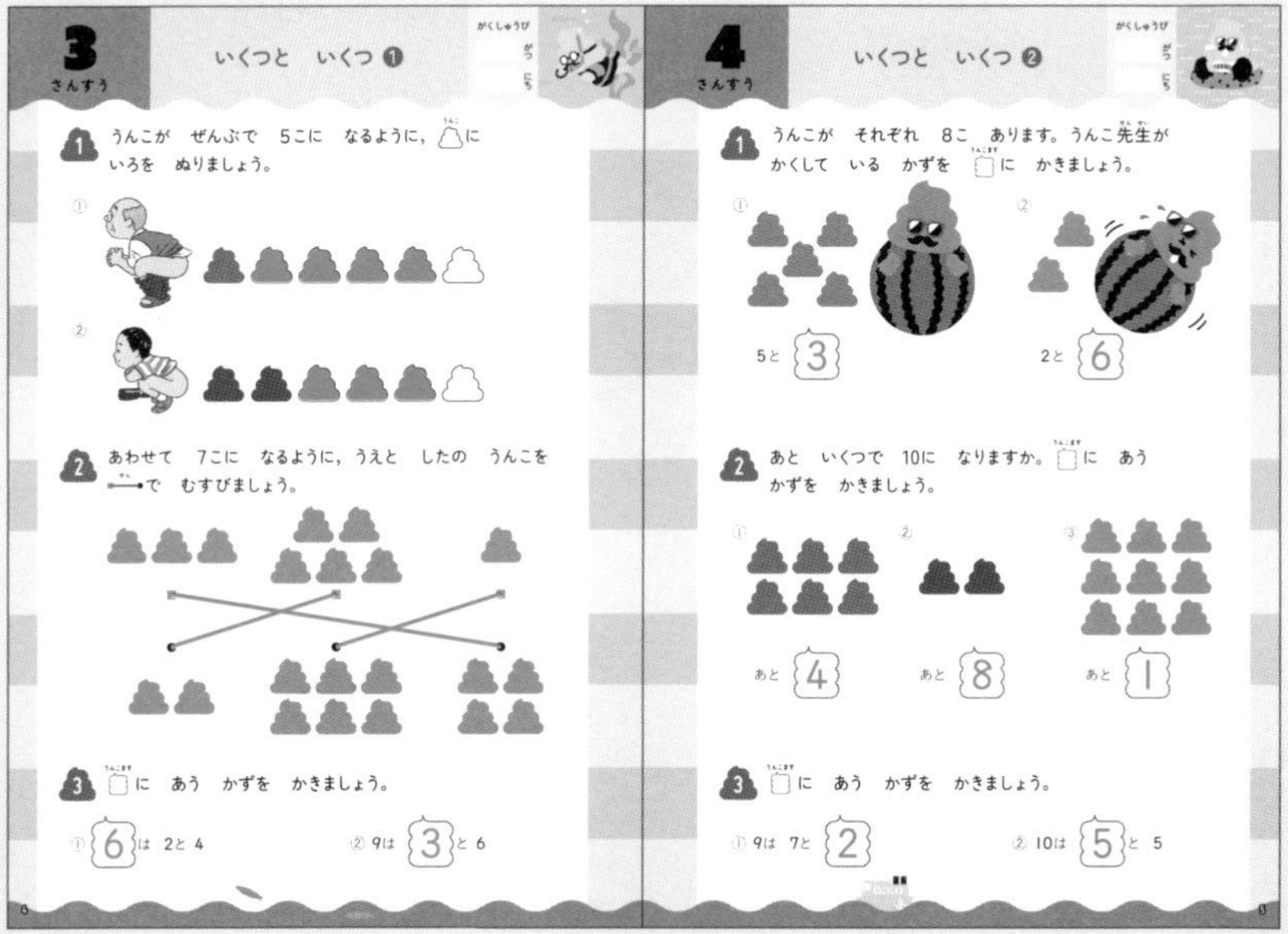

3 1「ぜんぶで　５こ」ということを意識させましょう。「１といくつで５かな?」など，数を合成して考えるように声がけをするとよいでしょう。
2 まずは，上のうんこの数をそれぞれ数えて，その数からあといくつで７になるかを考えて選ばせるとよいでしょう。
3 文だけの表記が難しく感じる場合，●などを使って図をかくと考えやすくなります。

---

4 1「８は５といくつ」のように，数を分解して考えます。 理解が難しければ，隠しているうんこをかいて考えてみるとよいでしょう。
2 うんこの数を数えて，その数字をあいているところに書いておくと，理解がはやまります。あといくつで10になるかも考えやすくなるでしょう。

シリーズ
日本一楽しい夏休みドリル

うんこ夏休みドリル

答《こた》えとアドバイス

小学1年生

わかりやすい縮刷《しゅくさつ》解答《かいとう》！

おうちの方《かた》と答《こた》え合《あ》わせしよう！

さんすう

別冊《べっさつ》

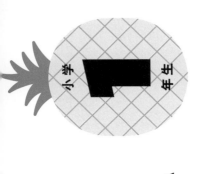

子《こ》どもたちの学《まな》びのプラットフォーム

パソコンやタブレットで遊《あそ》ぶのじゃ！

うんこワールドをのぞいてみよう

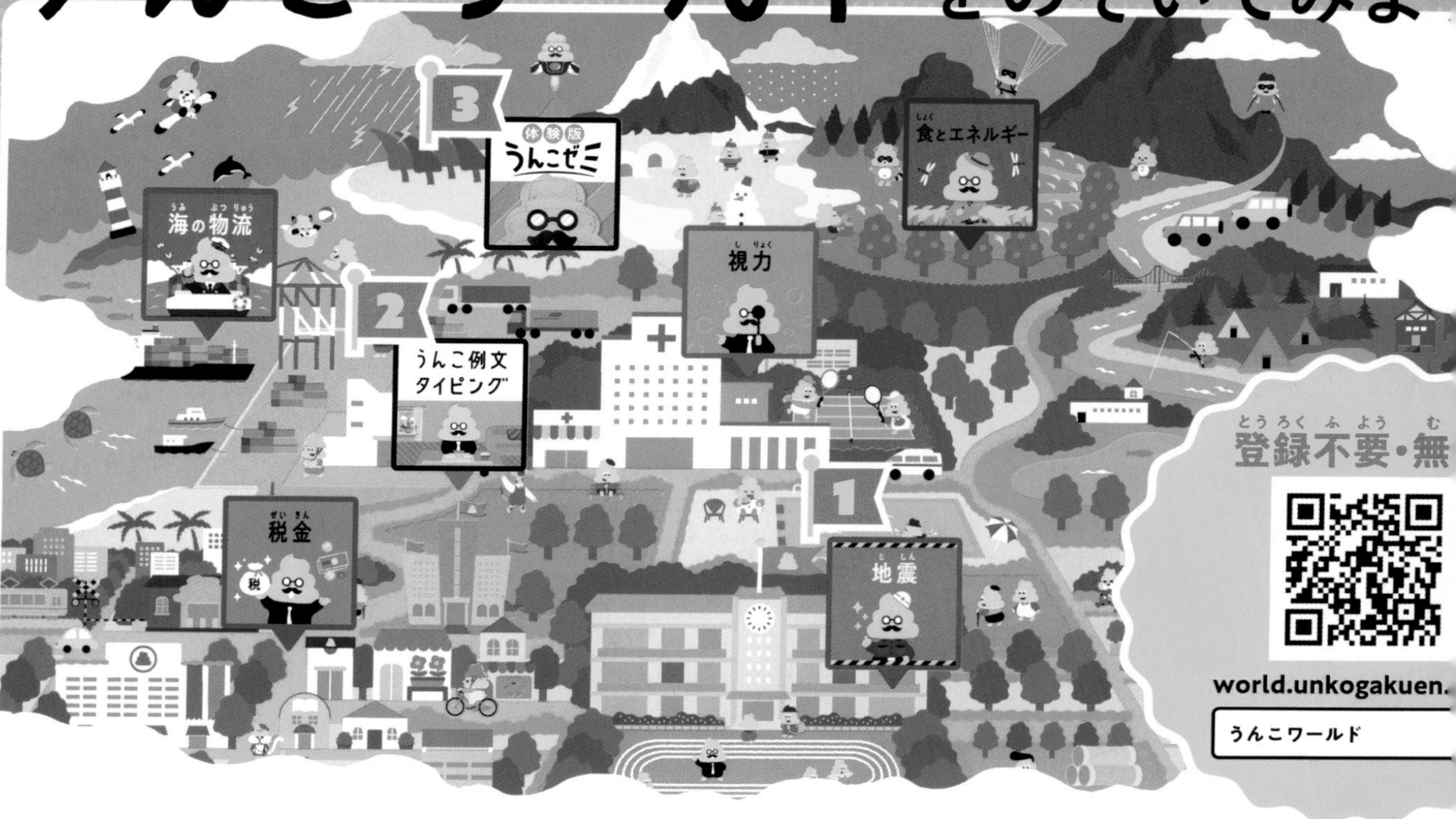

登録《とうろく》不要《ふよう》・無《む》

world.unkogakuen.

うんこワールド

1 学校《がっこう》じゃ教《おし》えてくれない"生《い》きていく上《うえ》で大切《たいせつ》な知識《ちしき》"をゲームで学《まな》ぼう！ キミはいくつクリアできる？

ゲームをクリアして
うんこをコレクションしよう！

2 「うんこ例文《れいぶん》タイピング」でタイピング練習《れんしゅう》・英単語《えいたんご》学習《がくしゅう》もできる！

3 反復学習《はんぷくがくしゅう》の全《まった》く新《あたら》しいカタチ！ 小学《しょうがく》3～6年生《ねんせい》向《む》け学習教材《がくしゅうきょうざい》「うんこゼミ」が体験《たいけん》できる！

国語《こくご》 算数《さんすう》 理科《りか》 社会《しゃかい》 ＋ 英語《えいご》 教養《きょうよう》

くわしい内容《ないよう》や費用《ひよう》はこちら